Comida deliciosa sin
gluten, trigo ni lácteos

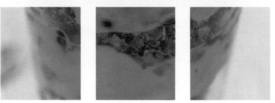

NICOLA GRAIMES

Bath · New York · Singapore · Hong Kong · Cologne · Delhi · Melbourne

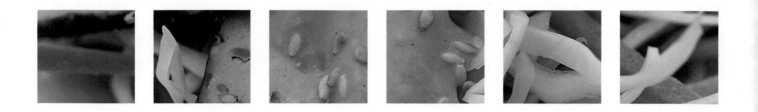

tabla **de** equivalencias

Las equivalencias exactas de la siguiente tabla han sido redondeadas por conveniencia.

medidas de líquidos/sólidos

sistema imperial (EE UU)	sistema métrico
1/4 de cucharadita	1,25 mililitros
1/2 cucharadita	2,5 mililitros
3/4 de cucharadita	4 mililitros
1 cucharadita	5 mililitros
1 cucharada (3 cucharaditas)	15 mililitros
1 onza (de líquido)	30 mililitros
1/4 de taza	60 mililitros
1/3 de taza	80 mililitros
1/2 taza	120 mililitros
1 taza	240 mililitros
1 pinta (2 tazas)	480 mililitros
1 cuarto de galón (4 tazas)	950 mililitros
1 galón (4 cuartos)	3,84 litros
1 onza (de sólido)	28 gramos
1 libra	454 gramos
2,2 libras	1 kilogramo

temperatura del horno

fahrenheit	celsius	gas
225	110	1/4
250	120	1/2
275	140	1
300	150	2
325	160	3
350	180	4
375	190	5
400	200	6
425	220	7
450	230	8
475	240	9

longitud

sistema imperial (EE UU)	sistema métrico
1/8 de pulgada	3 milímetros
1/4 de pulgada	6 milímetros
1/2 pulgada	1,25 centímetros
1 pulgada	2,5 centímetros

Copyright © Parragon Books Ltd
Creado y producido por The Bridgewater Book Company Ltd.

Información nutricional: *Charlotte Watts*
Fotografía: *Clive Bozzard-Hill*
Puesta en escena gastronómica: *Phillipa Vanstone*
Estilista: *Angela Macfarlane*

La editorial quiere dar las gracias a las siguientes empresas por el préstamo de los accesorios: *Dartington Crystal, Marlux Mills, Maxwell & Williams, Lifestyle Collections, Viners & Oneida, Typhoon and John Lewis.*

Copyright © 2007 de la edición española:
Parragon Books Ltd
Queen Street House
4 Queen Street
Bath BA1 1HE, Reino Unido

Traducción del inglés: Anabel Martín para
Equipo de Edición, S. L., Barcelona
Redacción y maquetación: Equipo de Edición, S.L., Barcelona

ISBN: 978-1-4075-6342-8

Impreso en China
Printed in China

INFORMACIÓN PARA EL LECTOR
En este libro se emplean las unidades del Sistema Métrico Decimal.
Las cucharas de las medidas son rasas, si no se especifica lo contrario: las cucharaditas corresponden a 5 ml y las cucharadas a 15 ml.

El tamaño de las piezas de verduras u hortalizas, como las patatas, al que se refieren las recetas es mediano, y la pimienta es negra recién molida.

Algunas de las recetas requieren caldo. Si va a utilizar caldo concentrado (en polvo o en cubitos), puede que su contenido en sal sea elevado, por eso no debe añadir más sal. Si prepara usted mismo el caldo, procure que los contenidos de grasa y sal sean mínimos. No sofría las verduras antes de cocerlas; cueza las verduras, la carne y el pescado en agua, a fuego lento, y escúrralos bien. Los caldos de carne y de ave se deben colar, enfriar y meter en la nevera antes de utilizarlos. Así, la grasa de la carne asciende a la superficie y se solidifica, de manera que es más fácil retirarla sin dificultad y se reducirá, también, la cantidad de grasas saturadas. Los caldos caseros se pueden conservar en la nevera durante dos días, o bien se pueden congelar en recipientes bien etiquetados.

Los tiempos de cocción pueden variar en función del tipo de horno que se emplee. El horno siempre se debe precalentar a la temperatura indicada. Si usa un horno de convección, lea las instrucciones del fabricante para ajustar el tiempo y la temperatura.

Los valores nutricionales se refieren a una ración o a una sola rebanada de pan, magdalena, etc., según la receta. El valor energético indicado viene dado en kcal (kilocalorías). La cantidad de hidratos de carbono incluye almidones y azúcares; la cantidad de azúcares se indica aparte. La cantidad de las grasas se refiere a la totalidad de grasas; la cantidad de las grasas saturadas se indica aparte.

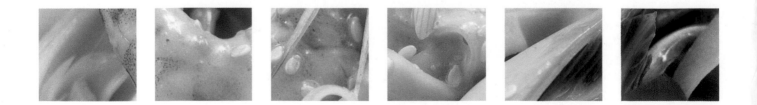

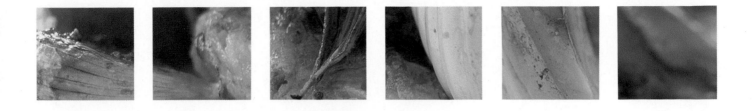

Contenido

Introducción

Un nuevo comienzo

Según estudios recientes, una de cada seis personas sufre algún tipo de alergia, y dos de los grupos de alimentos más proclives a causar reacciones adversas son los cereales y los productos lácteos. En el pasado se creía que una dieta sin gluten, trigo ni productos lácteos era deficiente en nutrientes, restrictiva y difícil de seguir. Sin embargo, en la actualidad este tipo de dieta no resulta problemática gracias a la atención de los profesionales de la medicina hacia esta disfunción y a la disponibilidad de alimentos alternativos en el mercado. Si padece algún tipo de alergia o intolerancia, no será ningún impedimento para disfrutar del placer de la cocina; véalo como una oportunidad de experimentar con nuevos ingredientes y recetas.

¿Alergia o intolerancia?

Una alergia alimentaria aparece cuando el sistema inmunológico reacciona ante una sustancia inofensiva produciendo anticuerpos. Este tipo de reacción suele darse en varios miembros de una misma familia y puede aparecer a cualquier edad. Sus síntomas van desde un simple dolor de cabeza o congestión nasal hasta reacciones que incluso pueden causar la muerte, como en el caso de las personas alérgicas a los frutos secos.

La alergia no se debe confundir con la intolerancia. Cuando el cuerpo reacciona ante ciertos alimentos pero los tests de alergia son negativos, entonces se trata de una intolerancia, término que ha generado controversia. A menudo, las intolerancias se deben a problemas digestivos.

Alergia o intolerancia al gluten

El gluten es una proteína que se halla en los granos de muchos cereales, tales como el trigo, la cebada, el centeno, el triticale, la espelta, el kamut o la avena, y puede causar reacciones adversas en ciertos individuos. Esta reacción es conocida con el nombre de «celiaquía» o «enfermedad celíaca». Se trata de una afección inflamatoria del tracto gastrointestinal y se caracteriza por una atrofia de las vellosidades del intestino delgado. La función de estas vellosidades es absorber los nutrientes de los alimentos durante el proceso digestivo, y es esta capacidad de absorción la que se ve afectada en las personas que sufren este trastorno, que causa malnutrición y pérdida de peso.

La celiaquía era considerada una enfermedad poco común y que sólo aparecía en la infancia. Sin embargo, hoy día los médicos reconocen que esta disfunción puede afectar a personas de todas las edades. Se puede manifestar desde la infancia y suele ser hereditaria, pero es posible que no se detecte hasta la edad adulta. Una de cada 250 personas en el mundo está afectada por esta alteración crónica, aunque es probable que la cifra sea mayor, ya que existen muchos casos sin diagnosticar.

¿Cuáles son los síntomas?

Los síntomas de la celiaquía son muy variados, desde una reacción a la lactosa hasta dolencias crónicas, por eso resulta complicado diagnosticarla. Los más comunes son incapacidad de absorción de nutrientes, en particular hierro y folatos, pérdida de peso, aftas, vómitos, distensión abdominal, fatiga excesiva, apatía, diarrea, flatulencia y dolores abdominales. En los bebés, la enfermedad celíaca puede no aparecer hasta después del periodo de lactancia, una vez que se han introducido en la dieta los alimentos que contienen gluten. Entonces, el niño empezará a desarrollar los síntomas: heces pálidas y malolientes, apatía, vómitos, diarrea, irritabilidad y crecimiento lento.

¿Cómo se diagnostica?

Si se sospecha que se padece una intolerancia al gluten, se realizará un análisis de sangre para confirmar la presencia de anticuerpos, así como de insuficiencia de vitaminas y minerales. Los análisis de sangre no son absolutamente fiables, por lo que la confirmación del diagnóstico se determina con una biopsia (análisis de una muestra de tejido del intestino delgado). Para obtener resultados exactos, se recomienda seguir una dieta normal, que contenga gluten, durante 6 semanas antes de realizar los análisis y la biopsia.

¿Cuál es el tratamiento?

Una vez confirmado el diagnóstico, el médico o dietista indicará los pasos que se deberán seguir antes de comenzar una dieta de eliminación. El único tratamiento necesario para que el intestino vuelva a su estado normal es seguir una dieta sin gluten, eliminando el consumo de los cereales en cuestión y de los alimentos procesados que los contengan; a veces, se incorpora a la dieta un complejo vitamínico. Sin embargo, nuevas investigaciones sugieren que algunas personas pueden tolerar pequeñas cantidades de avena (menos de 50 g al día) en su alimentación. No obstante, le recomendamos que consulte a su médico o dietista antes de incluir la avena en su dieta. Si sufre de una celiaquía severa, evítela por completo.

Existen dos tipos de alimentos con gluten: aquellos en los que el gluten es evidente, como por ejemplo pan, pasta, galletas y bollería diversa, y los alimentos procesados en los que puede «esconderse» gluten, como la harina de trigo usada como espesante en sopas y salsas preparadas. Los celíacos deben leer concienzudamente la información nutricional de las etiquetas para descubrir fuentes de gluten poco evidentes.

¿Qué es una alergia al trigo?

El trigo constituye una parte importante de la alimentación de la mayoría de las personas. Los síntomas de una alergia o intolerancia al gluten son variados y pueden incluir picores, enrojecimiento de los ojos, moqueo, sinusitis o estornudos; dolor o silbidos en los oídos, jaquecas, migrañas o mareos; dolor de garganta, mal aliento, tos o aftas; sarpullido, acné, eczema o moratones sin causa aparente; espasmos y distensión abdominales, náuseas, estreñimiento o flatulencia, así como ansiedad, depresión, falta de concentración o comportamiento agresivo. Algunas personas alérgicas al trigo pueden tolerar otros cereales, incluidos aquellos que contienen gluten, tales como el centeno, la cebada o la avena.

La dermatitis herpetiforme

Esta enfermedad de la piel relativamente poco frecuente se debe, al igual que la celiaquía, a una sensibilidad al gluten. Se caracteriza por una erupción cutánea que causa picor y que suele aparecer en los codos, glúteos y rodillas, aunque hay otras zonas que también pueden verse afectadas. Es ligeramente más común en los hombres que en las mujeres y tiende a aparecer entre los 15 y los 40 años de edad.

¿Déficit de nutrientes?

Los celíacos tienen dificultades para absorber los nutrientes de los alimentos que ingieren, pero una vez se ha eliminado de la dieta el gluten, el cuerpo será capaz de absorber los nutrientes de la comida, siempre que la alimentación sea variada. Si se han excluido los alimentos que contienen trigo y gluten, se reduce también el consumo de fibra, pero esto no representará ningún problema si se ingiere mucha fruta y verdura, otros cereales sin gluten, legumbres y arroz integral. Otros nutrientes contenidos en el trigo, la cebada, la avena y el centeno son:

• el cinc, que se encuentra en: frutos secos, marisco, ostras, cereales integrales, legumbres, semillas, hígado y carne;
• la vitamina B1 (tiamina): cereales integrales, frutos secos, legumbres, carne y levadura de cerveza;
• la vitamina B2 (riboflavina): huevos, levadura, verduras verdes, pipas de calabaza y despojos;
• la vitamina B3 (niacina): huevos, cereales integrales, frutos secos, marisco, higos, ciruelas pasas y despojos;
• la vitamina E: aguacates, brotes de soja, verduras de color verde oscuro, huevos, frutos secos y aceites vegetales.

Alergia o intolerancia a los lácteos

Los productos lácteos, en especial los derivados de la leche de vaca, son alérgenos comunes. La leche, el queso, la nata líquida, el queso fresco, la nata fresca, el yogur y la mantequilla son claros «culpables». La alergia o la intolerancia a los lácteos suele aparecer durante la infancia. Un bebé que a menudo está enfermo, sufre cólicos y presenta problemas de desarrollo, puede estar mostrando síntomas de alergia o intolerancia a los lácteos; el destete demasiado temprano puede favorecer la aparición de reacciones alérgicas. Afortunadamente, muchos niños dejan de padecer estas alergias o intolerancias a la edad de 5 años.

La reacción a los productos lácteos suele deberse a una intolerancia a la lactosa (azúcar natural de la leche) y sucede cuando el organismo no es capaz de producir lactasa, una enzima necesaria para la digestión de la lactosa. Es probable que algunas personas con intolerancia a la lactosa toleren pequeñas cantidades de productos lácteos, como la leche desnatada, el yogur o la leche de cabra, más fáciles de digerir. Hay algunos casos de intolerancia a la proteína de los productos lácteos, cuyos síntomas son similares a los de la intolerancia a la lactosa.

¿Cuáles son los síntomas?

Una intolerancia a la lactosa puede provocar diversos síntomas. Entre los más comunes: asma, eczema, problemas digestivos, síndrome del intestino irritable (IBS), sarpullido, sinusitis, rinitis, migrañas y jaquecas. Si una persona no produce lactasa, la lactosa no podrá ser digerida, y por tanto pasará inalterada al intestino grueso, donde será fermentada por las bacterias, produciendo distensión abdominal, dolores de estómago y diarrea. Se cree que la diabetes tipo 1 es provocada por una intolerancia a los lácteos.

¿Cómo se diagnostica?

Puede resultar difícil detectar la presencia de una alergia o intolerancia a los lácteos, ya que los síntomas pueden aparecer justo después de comer los alimentos que contienen lactosa o transcurridas varias horas. Actualmente existen diversos análisis para detectar alergias: el RAST, un análisis de sangre que mide la cantidad de anticuerpos de inmunoglobulina E (IgE) que presenta una persona ante una sustancia específica; y el «prick test», una prueba cutánea por punción que consiste en pinchar la piel con una lanceta impregnada de un alimento «sospechoso» y observar si hay alguna reacción, como enrojecimiento o hinchazón. Los naturópatas también ofrecen análisis capilares y sanguíneos con resultados diversos.

¿Cúal es el tratamiento?

Una dieta de exclusión, en la que se evitan los alimentos que producen la alergia, no es sólo la mejor manera de detectar una intolerancia o alergia alimentaria, sino también el mejor método para eliminar los síntomas. No obstante, puede convertirse en un largo y laborioso proceso, que comienza con el seguimiento diario y detallado de la alimentación. Es importante consultar a un médico o a un dietista antes de dejar de consumir ciertos alimentos. El especialista podrá diseñar una dieta alternativa que sea nutritiva y equilibrada.

Si se está siguiendo una dieta sin lactosa, es importante comprobar la información nutricional de todos los alimentos, ya que algunos aditivos y edulcorantes artificiales pueden contener derivados de productos lácteos. Hay medicamentos que también pueden incluirlos en su composición.

¿Déficit de nutrientes?

La leche y otros productos lácteos son una rica fuente de proteínas, cinc, calcio y vitamina B_{12}, por lo que es importante sustituir bien estos alimentos. Existen muchas otras alternativas a la leche que contienen calcio: las verduras de color verde, las semillas de sésamo, el pescado en conserva, como sardinas y arenques, el pan blanco, los albaricoques, las judías blancas, la leche de soja, la melaza, los frutos secos, el marisco, los cereales, las semillas, las legumbres y los productos a base de soja; además, este grupo de alimentos también aporta cinc. La vitamina B_{12} se halla en la carne, los cereales enriquecidos para el desayuno, la leche de soja y el extracto de levadura.

¿Qué puedo comer?

Si se enfrenta por primera vez a una dieta sin gluten, trigo ni productos lácteos, al principio puede resultar complicado recordar los alimentos que puede o no puede consumir. No debe sentirse limitado o atemorizado por la nueva alimentación; considérela como una posibilidad de explorar y probar nuevos ingredientes, aromas y platos. Si se trata de cocinar para otra persona, piense que preparar comidas sin gluten, trigo ni productos lácteos no es complicado y que todos los miembros de la familia pueden disfrutar de ellas.

Existen dos tipos de dieta de exclusión. La primera es apropiada para aquellas personas que sospechan de ciertos alimentos como causantes de la alergia, y consiste básicamente en evitar dichos alimentos durante un cierto periodo de tiempo para ver si los síntomas mejoran. Transcurrida esta fase, se volverán a introducir en la dieta para observar si los síntomas reaparecen. El segundo tipo de dieta es muy limitada y se basa, en un primer momento, en alimentos que no suelen producir reacciones alérgicas. De forma gradual se irán introduciendo otros nuevos; si éstos causan una reacción, se suprimirán. Obviamente, este proceso requiere bastante tiempo hasta verse completado.

En la actualidad, los científicos están estudiando un nuevo método para tratar las alergias y las intolerancias. Se trata de administrar, mediante una inyección, pequeñas dosis de un alérgeno en combinación con una enzima para insensibilizar al organismo de los efectos secundarios. En casos de alergia a la lactosa, el enzima elegido es la lactasa, que trata de estimular el sistema inmunológico para edificar una respuesta adecuada al alérgeno.

Consultar las etiquetas de los productos deberá convertirse en un acto reflejo, puesto que existen muchos alimentos envasados que contienen trigo, gluten y lácteos, así como sus derivados. Los productos más comunes que deberá evitar son el queso, la nata líquida, la mantequilla, la leche, los helados y el yogur. Asimismo, la pasta, el pan, los pasteles, las galletas o bollos y las tartas o pasteles salados suelen estar hechos a base de trigo, y no olvide que la cebada, el centeno y la avena también contienen gluten. Compruebe también los ingredientes de las sopas y las salsas envasadas, así como las comidas y postres preparados, ya que pueden contener gluten o lácteos. Los espesantes suelen estar confeccionados a base de trigo.

Una dieta exenta de gluten, trigo y lácteos

He aquí una amplia diversidad de deliciosas dietas alternativas. Una dieta variada, que incluya los siguientes grupos de alimentos, aporta los nutrientes necesarios para el cuerpo.

● Carnes, pescados y alternativas vegetales

Las carnes y los pescados frescos, congelados, curados y en conserva, son apropiados siempre que se eviten los que estén empanados o rellenos; compruebe siempre la etiqueta de los pasteles salados, las salchichas y las hamburguesas. El tofu —un producto vegetariano— es una nutritiva fuente de proteínas con un bajo contenido en grasas.

● Frutas y verduras

Las frutas y las verduras frescas, congeladas, deshidratadas y en conserva (en salmuera, en su jugo, en almíbar, en agua o en aceite) son apropiadas. Las patatas son una alternativa interesante a los acompañamientos como la pasta.

● Frutos secos y semillas

Existe una gran variedad de semillas y frutos secos enteros o molidos donde escoger. Los frutos secos son una fuente excelente de proteínas, vitaminas y minerales. Asegúrese siempre de que se trata de productos frescos. Las mantequillas de cacahuete, anacardo o avellana también son convenientes. Evite los frutos secos tostados.

● Legumbres

Las legumbres secas, cocidas y en conserva (en salmuera, en agua o en aceite) son una fuente de proteínas baja en grasas y rica en fibra, vitaminas y minerales.

● Huevos

Evite los huevos rebozados.

● Bebidas

El café, el té, las infusiones de hierbas, los zumos de frutas frescas y el agua son bebidas recomendables. Controle las etiquetas del cacao en polvo, las bebidas de malta, la cerveza, los licores y el vino para comprobar que no contienen gluten, trigo ni lácteos añadidos.

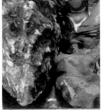

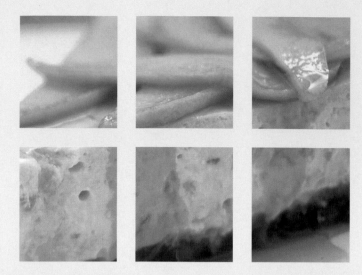

• Granos y cereales

Actualmente existen muchas alternativas al trigo y a los granos, copos y harinas que contienen gluten, como por ejemplo el maíz, el mijo, la sémola de maíz sin germen, la quinoa, el sagú, la tapioca, el arroz, la harina de batata y ñame, la harina de garbanzo, la polenta, el arruruz, la harina de maíz, de sorgo, de patata, de algarroba, de tef, de soja, de castaña dulce y de guisante amarillo partido. Los cereales para el desayuno incluyen los copos de maíz y el muesli, y el arroz inflado. Para más información sobre los diferentes tipos de granos, véase más abajo.

• Alternativas a los lácteos

La leche de soja, arroz, guisante, quinoa y avena (algunos celíacos toleran esta última) son opciones interesantes para sustituir los productos lácteos. Existen quesos tiernos y secos sin lactosa, así como yogures de soja, nata líquida y helados.

• Grasas y aceites

Elija margarina sin lactosa (compruebe que no contiene aceite de germen de trigo) ni aceites de oliva, de frutos secos o vegetales.

• Pasta

Existen variadas alternativas de pasta sin gluten, trigo o lácteos en el mercado, como aquellas a base de maíz, trigo sarraceno, arroz o mijo y las que combinan varios de estos cereales. Asegúrese de que estos tipos de pasta no contienen harina de trigo añadida, almidón o espesantes.

• Dulces y chocolates

Compre chocolate negro sin lácteos añadidos. La mermelada, la miel y el jarabe de arce son productos adecuados.

• Granos sin gluten

Existe una amplia variedad de granos y cereales enteros, en copos o molidos muy versátiles y nutritivos. A continuación, se presentan las alternativas sin gluten más fáciles de conseguir:

• Arroz

Existen numerosas variedades, desde el pegajoso arroz japonés para *sushi* hasta el espigado y aromático arroz basmati. Para una dieta sin gluten, este versátil grano ofrece una infinidad de posibilidades culinarias, tanto dulces como saladas. Resulta imposible crear un *risotto* perfecto sin utilizar un tipo específico de grasa y de arroz de grano corto (*carnaroli* o *vialone nano*), mientras que el arroz valenciano es imprescindible para obtener una paella auténtica. También hay copos de arroz que se pueden añadir al muesli, a las galletas y a los pudines. El salvado de arroz es un buen aporte de fibra si se añade al pan o a los pasteles, así como la harina de arroz, muy utilizada en la confección de pastelillos asiáticos y en la preparación de harina sin gluten.

• Trigo serraceno

A pesar de su nombre, no se trata de un tipo de trigo. Este grano de forma triangular se puede adquirir crudo o tostado. Su harina se utiliza para la elaboración de fideos en Japón y de pasta en Italia. En la Europa del este y en Rusia se usa para preparar lo típicos *blinis*. La harina es ligeramente gris y se puede mezclar con otros tipos de harina sin gluten para darle un color y una textura más ligeras. Los copos de trigo sarraceno son un complemento ideal para el muesli. Además de proteínas, contiene rutina, un alcaloide que favorece la circulación sanguínea y reduce la presión arterial.

• Mijo

Conocido como «el rey de los granos», el mijo rivalizó en una época con la cebada como alimento básico en Europa. Se puede cocinar como el arroz, pero es preferible tostarlo en seco para realzar su suave aroma. Es un buen acompañamiento de estofados y una buena base para *pilafs*, gachas y pudines de leche. Este pequeño grano se puede convertir en copos o moler para obtener harina. El mijo tiene propiedades antimicóticas y se dice que controla la superproducción del hongo *Candida albicans*. Es también fácil de digerir y beneficioso para el estómago, el bazo y el páncreas.

• Quinoa

La quinoa, el «cereal madre» de los incas, es el cereal con mayor contenido de proteínas; es muy rico en calcio y una buena fuente de hierro, vitaminas B y E. Estos pequeños granos esféricos tienen un sabor suave y una textura firme. Son una buena base para *pilafs, tabbouleh* (véase pág. 35) y rellenos. Se cocina como el arroz y se muele para obtener harina o leche.

• Amaranto

Este cereal infravalorado contiene más calcio que la leche, por lo que es muy útil en las dietas sin lácteos. Sus minúsculos granos de color pálido son muy nutritivos y tienen un sabor a nueces muy característico. Se puede utilizar en estofados y sopas. Su harina sirve para hacer pan y pasteles dulces o salados. Su sabor es intenso, por lo que es preferirle mezclarla con otros tipos y granos más neutros. Originario de México, el amaranto es peculiar porque sus hojas también se pueden comer, cocidas o crudas.

• Maíz

Existen variedades de diversos colores (amarillo, azul, rojo y negro) y es un ingrediente indispensable en la cocina sin gluten. Se trata de un grano muy versátil. La harina de maíz o la polenta se puede utilizar para hacer pan, pudines, albóndigas o unas sustanciosas gachas espesas. Una vez cocida, la polenta se puede extender en una capa, dejarla enfriar y cortarla después en tiras para freírla, asarla o hacerla a la plancha. Es una buena base para *bruschetta* y un buen acompañamiento de sopas y estofados. El tiempo de cocción de la harina (de 5 a 45 minutos) dependerá del grado de molienda, pues se comercializa en varios grosores, desde muy fina hasta gruesa. Para elaborar la harina de maíz, se cuece el grano entero y después éste se muele para convertirlo en harina. Sirve para hacer las típicas tortillas mexicanas. La fécula de maíz es un polvo blanco y fino que se utiliza para espesar salsas y sopas.

Alimentos procesados sin gluten ni trigo

En muchos supermercados hay secciones especiales para los alimentos sin trigo ni gluten, donde se pueden encontrar todo tipo de productos: desde harinas, galletas, panes, bases de pizza y pasta hasta pasteles, biscotes y cereales para el desayuno. Las tiendas de dietética y los establecimientos naturistas también son una buena opción.

Cuando utilice harina sin gluten (tanto la normal como la que lleva levadura añadida) tenga en cuenta las instrucciones del envase, porque no se comporta igual que la harina de trigo.

Sea precavido con ...

... las fuentes de trigo y gluten difíciles de detectar en las etiquetas de los alimentos. Si encuentra alguno de los siguientes ingredientes, es preferible que consulte al fabricante: almidón modificado, granos integrales, almidón, cereal, proteína cereal, fécula de maíz, espesante, proteína vegetal, pan tostado y glutamato monosódico.

Evite también ...

... los granos, el salvado y la harina de trigo, el *bulgur* de trigo, el trigo duro, el cuscús, la semolina, el seitán (gluten procesado), el germen de trigo, la harina y el pan integrales, el trigo partido, la cebada perlada, los copos de cebada, la harina de cebada, el centeno en todas sus formas, la avena, la harina de avena, el germen de avena, el salvado de avena, la espelta, el tritical y el *kamut*.

Sepa que ...

... los siguientes productos pueden contener gluten: la levadura en polvo, los espesantes, las especias, el sebo, la pimienta molida, la mostaza, el caldo concentrado (polvo y cubitos), los aliños para ensalada, la salsa de soja (el *tamari* no contiene trigo), las salchichas, las hamburguesas, los pasteles salados, las carnes precocinadas, los patés, el pescado empanado y otros alimentos empanados, el vinagre de malta, el yogur, los postres, los quesos para untar, los *cornflakes,* la cerveza, las bebidas de leche malteada y los frutos secos tostados.

Alternativas a los lácteos

Actualmente es fácil encontrar sustitutos de la gran familia de los productos lácteos. Los más corrientes son los siguientes:

● Soja

La soja es el sustituto más común de la leche y se ofrece en muchas formas. La leche de soja, elaborada a base de granos de soja pulverizados, sustituye a la leche de vaca, puesto que es apta tanto para cocinar como para beber. La leche de soja se puede obtener fresca o pasteurizada, edulcorada o sin edulcorar, enriquecida con calcio y vitaminas o aromatizada con chocolate, plátano o fresa. Además, se utiliza para elaborar nata líquida, queso, helados y yogures. El queso de soja se hace con una mezcla de granos de soja procesados y aceites vegetales y se suele aromatizar con hierbas y especias. Existen alternativas de soja para el parmesano, el gouda, el cheddar y el queso cremoso. Otros quesos sin lácteos son, por ejemplo, el parmesano a base de arroz o el queso elaborado a base de frutos secos aromatizado con especias.

El tofu también se elabora con granos de soja y tiene un ligero sabor característico, pero absorbe rápidamente otros aromas más fuertes, lo que lo hace muy versátil. El tofu duro se comercializa en bloques y se puede marinar, asar, estofar o saltear.

Sea precavido con ...

... las fuentes de productos lácteos difíciles de detectar en las etiquetas de los alimentos. Si encuentra alguna de las siguientes sustancias, consulte al fabricante: caseína, caseína hidrolizada, caseinatos, albúminas (pueden provenir de los huevos), ácido láctico (E270), lactosa, suero, sólidos lácteos no grasos, lactalbúmina, leche desnatada en polvo, lactoglobulina y glutamato monosódico (MSG).

Evite también ...

... la leche de vaca, de cabra y de oveja, la mantequilla, la nata agria, el suero de leche, la nata líquida, el queso fresco, el yogur, la nata fresca y los helados.

Sepa que ...

... los siguientes productos pueden contener lácteos: las comidas y postres preparados, las bases de pizza, las salchichas, los pasteles salados, las hamburguesas, las salsas, las sopas, el *ghee* (que puede ser a base de mantequilla clarificada en lugar de aceites vegetales), el vino, la margarina, el caldo concentrado, las galletas, los pasteles, los patés, el chocolate y las pastas dulces.

También existe una variedad ahumada. El tofu blando tiene una textura más suave y se utiliza para sustituir la nata líquida o la leche en postres, salsas, aliños y sopas. También se puede comprar ya marinado, ahumado o frito. La soja es una valiosa fuente de calcio, hierro, magnesio, fósforo y vitamina E.

● Arroz

La leche de arroz no tiene la textura harinosa de la leche de soja y se puede encontrar edulcorada, sin edulcorar y enriquecida con calcio. Se digiere con facilidad y no produce prácticamente ninguna alergia.

● Frutos secos

Con almendras o anacardos molidos mezclados con agua se elabora una leche versátil de sabor suave. Se prepara moliendo los frutos secos hasta obtener un polvo fino y mezclando éste con agua. Agregue un plátano y obtendrá un delicioso batido.

Desayunos y tentempiés

Numerosos estudios demuestran que desayunar bien
es esencial para empezar el día y recargar el cuerpo con
la energía necesaria. Para aquellos que eviten el gluten,
el trigo y los productos lácteos, el desayuno puede seguir
siendo una comida muy completa. Y así lo demuestran las
recetas de este capítulo, como por ejemplo, el saludable
muesli de manzana, que se puede dejar preparado con
antelación, o un cremoso batido para cuando se dispone
de poco el tiempo, así como otros platos más sustanciosos,
ideales para los ociosos fines de semana.

Para 4 personas

Muesli de bayas y yogur

Ingredientes

75 g de copos de arroz, trigo o mijo, o una mezcla de los tres

4 cucharadas de miel líquida

500 g de yogur de soja u otro sin lactosa

la ralladura fina de 1 naranja

225 g de bayas variadas congeladas, y algunas más para decorar

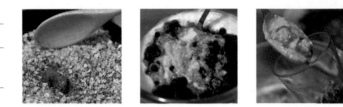

Datos nutricionales

Escoja un yogur enriquecido con «bacterias beneficiosas» (probióticos), como los acidófilos o los bacilos bífidos, que protegen el tracto digestivo y combaten las alergias alimentarias.

Valores por ración

- *Valor energético* 198
- *Proteínas* 6 g
- *Hidratos de carbono* 39 g
- *Azúcares* 22 g
- *Grasas* 3,5 g
- *Grasas saturadas* 0,5 g

1 Caliente una sartén a temperatura moderada y tueste los copos de cereales durante un minuto, agitando la sartén. Agregue la mitad de la miel y remueva para cubrir bien los cereales con ella. Siga rehogando, sin parar de remover, hasta que los copos se doren y estén crujientes.

2 Ponga el yogur en un bol y añada la miel restante y la ralladura de naranja. Incorpore con cuidado las bayas ligeramente descongeladas —reserve unas cuantas para decorar— y déjelas reposar entre 10 y 15 minutos para que puedan soltar el jugo. A continuación, remueva suavemente para formar un remolino de color.

3 Para servir, coja 4 copas de postre y ponga una capa de copos de cereales en cada una. A continuación, ponga una capa de yogur de bayas, después otra de cereales y termine con una de yogur. Decore las copas con las bayas reservadas.

Para 4 personas

Crepes de plátanos al jarabe de arce

Ingredientes

50 g de harina de trigo sarraceno

50 g de harina sin gluten

una pizca de sal

1 huevo grande un poco batido

125 ml de leche sin lactosa

125 ml de agua

40 g de margarina sin lactosa

Para los plátanos al jarabe de arce

40 g de margarina sin lactosa

2 cucharadas de jarabe de arce

2 plátanos en rodajas gruesas cortadas en diagonal

1 En un bol grande, tamice ambos tipos de harina con la sal. Haga un hueco en el centro y agregue el huevo batido, la leche y el agua. Con unas varillas, vaya mezclando poco a poco la harina con los ingredientes líquidos, pero batiéndolos bien para que no se hagan grumos hasta que obtenga una mezcla homogénea.

2 En un cazo, derrita 25 gramos de margarina e incorpórela a la mezcla anterior. Viértala en una jarra, cúbrala y déjela reposar durante 30 minutos.

3 En una sartén mediana, derrita el resto de la margarina. Cuando esté caliente, vierta la cantidad de masa suficiente para obtener una crepe fina y mueva la sartén en círculos, de manera que la masa se reparta bien por toda la base.

4 Cuando la crepe esté ligeramente dorada por debajo, dele la vuelta con una espátula y deje que se dore por el otro lado. Pase la crepe a una fuente precalentada y tápela con papel de aluminio mientras prepara el resto. Agregue más margarina cuando sea necesario.

5 Para preparar los plátanos al jarabe de arce, limpie la sartén con papel de cocina, ponga la margarina y deje que se funda. Agregue el jarabe de arce, después el plátano y rehóguelo durante unos 2 o 3 minutos, o hasta que el plátano se haya reblandecido y la salsa se haya espesado y caramelizado. Para servir, doble las crepes por la mitad y vuelva a doblarlas de nuevo por la mitad. Coloque las rodajas de plátano por encima de las crepes.

Datos nutricionales

El trigo sarraceno es muy rico en proteínas y contiene todos los aminoácidos esenciales. También reduce los niveles de colesterol en la sangre.

Valores por ración

- *Valor energético*   339
- *Proteínas*   *5,5 g*
- *Hidratos de carbono*   *40 g*
- *Azúcares*   *13,5 g*
- *Grasas*   *19 g*
- *Grasas saturadas*   *3,75 g*

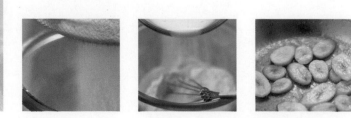

Para 4 personas

Gachas de mijo con puré de albaricoque

Ingredientes

225 g de copos de mijo

450 ml de leche sin lactosa

una pizca de sal

nuez moscada recién rallada

Para el puré de albaricoque

115 g de orejones de albaricoque sin remojar

300 ml de agua

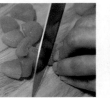  

Datos nutricionales

El mijo es rico en proteínas y una buena fuente de vitaminas B, nutrientes que se dejan de consumir al eliminar de la dieta los cereales con gluten.

Valores por ración

- Valor energético   280
- Proteínas   10 g
- Hidratos de carbono   49,5 g
- Azúcares   1,6 g
- Grasas   4,75 g
- Grasas saturadas 0,7 g

1 Para preparar el puré de albaricoque, ponga la fruta en una cazuela y cúbrala con agua. Llévelo a ebullición, baje el fuego, tape parcialmente la cazuela y deje cocer a fuego lento durante 20 minutos hasta que los albaricoques estén blandos. Pase la fruta con el jugo a un robot de cocina y triture hasta obtener una mezcla homogénea.

2 Para preparar las gachas, ponga los copos en una cazuela y agregue la leche y la sal. Llévelo a ebullición, después baje el fuego y déjelo cocer a fuego lento durante 5 minutos, removiendo a menudo, hasta que el mijo esté tierno y las gachas, cremosas. Para servir, reparta las gachas de mijo en 4 boles y corónelos con el puré de albaricoque y un poco de nuez moscada.

Para 10 raciones

Muesli de manzana

Ingredientes

75 g de pipas de girasol

50 g de pipas de calabaza

90 g de avellanas troceadas

125 g de copos de trigo sarraceno

125 g de copos de arroz

125 g de copos de mijo

115 g de manzanas desecadas, sin remojar, troceadas

115 g de dátiles secos, sin remojar, troceados

Datos nutricionales

Las pipas de girasol y de calabaza contienen ácidos grasos Omega, vitales para la salud del tracto digestivo, de la piel y del sistema inmunológico.

Valores por ración

- *Valor energético* 340
- *Proteínas* 8,7 g
- *Hidratos de carbono* 48 g
- *Azúcares* 15 g
- *Grasas* 15 g
- *Grasas saturadas* 1,75 g

1 Caliente una sartén a temperatura moderada, eche las pipas y las avellanas y tuéstelas ligeramente durante 4 minutos, agitando a menudo la sartén, o hasta que estén bien doradas. Páselas a un bol grande y deje que se enfríen.

2 Agregue los copos de cereales y los dátiles al bol y remueva bien. Conserve el muesli en un recipiente hermético.

Para 3-4 personas

Batido de plátano y almendra

Ingredientes

125 g de almendras enteras blanqueadas

600 ml de leche sin lactosa

2 plátanos maduros en mitades

1 cucharadita de extracto natural
de vainilla

canela molida, para espolvorear

1 Ponga las almendras en el robot de cocina
y tritúrelas hasta que estén bien picadas.
Agregue la leche, los plátanos y el extracto
de vainilla y siga triturando hasta obtener una
mezcla cremosa y espumosa. Vierta el batido
en copas de postre y espolvoree con canela.

Datos nutricionales

*Las almendras ayudan
a reducir los «antojos»
que se suelen tener
cuando se padece una
intolerancia alimen-
taria. También ayudan
a reducir el colesterol.*

Valores por ración
- *Valor energético   282*
- *Proteínas   10,4 g*
- *Hidratos
  de carbono   22 g*
- *Azúcares   12,5 g*
- *Grasas   19 g*
- *Grasas saturadas 1,9 g*

Para 3-4 personas

Tarta de patatas y salchichas

Ingredientes

2 salchichas sin gluten u otra variedad vegetariana

aceite de girasol, para freír

4 patatas cocidas, frías y cortadas en dados

8 tomates cereza

4 huevos batidos

sal y pimienta

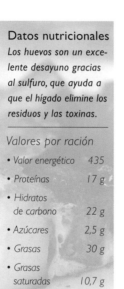

Datos nutricionales
Los huevos son un excelente desayuno gracias al sulfuro, que ayuda a que el hígado elimine los residuos y las toxinas.

Valores por ración
- *Valor energético* 435
- *Proteínas* 17 g
- *Hidratos de carbono* 22 g
- *Azúcares* 2,5 g
- *Grasas* 30 g
- *Grasas saturadas* 10,7 g

1 Precaliente el gratinador del horno a temperatura media-alta. Ponga las salchichas en una placa de horno forrada con papel de aluminio y áselas durante unos 12 o 15 minutos, o hasta que estén bien hechas y doradas; mientras se asan, deles la vuelta de vez en cuando. Deje que se enfríen y pártalas en trozos pequeños.

2 Mientras tanto, en una sartén mediana (de 25 cm de diámetro) de base gruesa y con mango metálico, caliente un poco de aceite a temperatura moderada. Agregue las patatas y fríalas hasta que estén bien doradas y crujientes. Entonces, añada los tomates y siga rehogando otros 2 minutos más. Incorpore las salchichas de forma que todos los ingredientes queden bien repartidos en la sartén.

3 Si lo considera necesario, agregue un poco más de aceite. Salpimiente al gusto los huevos batidos y viértalos sobre los ingredientes de la sartén. Siga cocinando 2 minutos más sin remover. Coloque la sartén bajo el gratinador precalentado durante 3 minutos o hasta que la superficie esté cuajada. Para servir, corte la tarta en triángulos.

Para 4 personas

Tortitas de patata con beicon y jarabe de arce

Ingredientes

115 g de puré de patatas frío

200 ml de leche sin lactosa

75 g de harina con levadura sin gluten

una pizca de sal

1 huevo batido

aceite de girasol, para freír

Para servir

8 lonchas de beicon de buena calidad, asado hasta que quede crujiente

1 cucharada y media de jarabe de arce

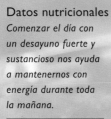

Datos nutricionales

Comenzar el día con un desayuno fuerte y sustancioso nos ayuda a mantenernos con energía durante toda la mañana.

Valores por ración

- *Valor energético*   217
- *Proteínas*   8,1 g
- *Hidratos de carbono*   28 g
- *Azúcares*   5,3 g
- *Grasas*   9,3 g
- *Grasas saturadas*   2,5 g

1 En un robot de cocina, ponga el puré de patatas con la leche y bátalo hasta obtener una mezcla homogénea.

2 Tamice la harina y la sal en un bol grande, haga un hueco en el centro e incorpore el huevo batido y el puré de patatas. Con la ayuda de unas varillas, vaya mezclando poco a poco la harina con los ingredientes líquidos, pero batiéndolos bien hasta obtener una masa sin grumos, cremosa y bastante espesa.

3 En una sartén antiadherente grande, caliente un poco de aceite. Ponga en ella un cacillo de masa por tortita (normalmente cabrán 3 a la vez) y fríalas durante 2 minutos por cada lado hasta que estén bien doradas. Retírelas de la sartén y manténgalas calientes mientras prepara el resto.

4 Reparta las tortitas en 4 platos, cúbralas con 2 lonchas de beicon y rocíelas con el jarabe de arce.

Sopas y platos ligeros

Las sopas de este capítulo son fáciles de preparar y utilizan
ingredientes corrientes que se pueden obtener sin dificultad.
Además, son sanas, nos dejan satisfechos y nos calientan en
los fríos días de invierno. Las recetas que aquí se ofrecen
se pueden preparar con antelación, por lo que se adaptan
a cualquier horario. Asimismo, son ideales para todas las
ocasiones: un rápido tentempié, una comida ligera de verano
o, combinadas con otras propuestas de este libro, pueden
servir como primer plato de una comida completa.

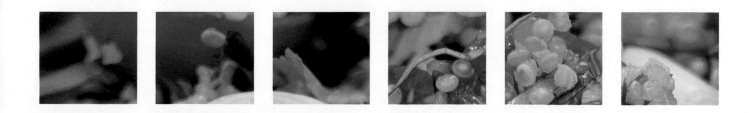

Para 4 personas

Sopa de zanahoria y lentejas

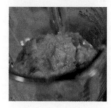

Ingredientes

2 cucharadas de aceite de oliva

1 cebolla grande, troceada

1 tallo de apio, troceado

1 patata en dados

6 zanahorias en rodajas

1 cucharadita de pimentón

2 cucharaditas de comino molido

1 cucharadita de cilantro molido

$^{1}/_{2}$ cucharadita de guindilla molida (opcional)

175 g de lentejas rojas partidas

1,2 litros de caldo de verduras o de pollo

2 hojas de laurel

sal y pimienta

2 cucharadas de cilantro fresco picado, para decorar

Datos nucricionales

El comino, usado para tratar la flatulencia, es conocido por sus propiedades digestivas y porque mejora la circulación en el intestino

Valores por ración

- *Valor energético* 277
- *Proteínas* 13 g
- *Hidratos de carbono* 40 g
- *Azúcares* 7 g
- *Grasas* 8,5 g
- *Grasas saturadas* 0,25 g

1 En una cazuela grande de base gruesa, caliente el aceite a temperatura media-baja. Incorpore la cebolla y fríala durante 7 minutos; remueva de vez en cuando. Agregue el apio, la patata, la zanahoria y siga rehogando otros 5 minutos más. Añada el pimiento, el comino, el cilantro molido y la guindilla en polvo —si la va a utilizar—, y rehóguelo otro minuto más.

2 Incorpore las lentejas, el caldo y la hoja de laurel. Llévelo a ebullición, después baje el fuego y, con la cazuela medio destapada, déjelo cocer a fuego lento durante 25 minutos o hasta que las lentejas estén tiernas. Remueva de vez en cuando para evitar que se peguen.

3 Retire y deseche las hojas de laurel. Pase el contenido de la cazuela a un robot de cocina y tritúrelo hasta obtener una crema espesa y homogénea. Devuelva la sopa a la cazuela y vuelva a calentarla. Salpiméntela al gusto y, si lo desea, condiméntela con un poco de guindilla molida. Vierta la sopa en 4 boles precalentados y decórela con cilantro fresco picado antes de servir.

Para 4 personas

Sopa de cebolla roja con picatostes de polenta

Ingredientes

800 g de cebollas rojas en cuartos

1 cucharada de aceite de oliva

15 g de margarina sin lactosa

sal y pimienta

250 ml de caldo de verduras

1 ramita de romero fresco y un poco
más para decorar

1 cucharadita de tomillo fresco picado

1 cucharadita de mostaza de Dijon

Para los picatostes

300 ml de agua

60 g de polenta fina instantánea

1/2 cucharadita de sal

1 cucharada de romero fresco picado

aceite de oliva, para untar

Datos nucricionales

*Las cebollas contienen
sulfuro, un componente
importante de los tejidos
corporales y un eficaz re-
medio para las afecciones
intestinales y la protección
contra el cáncer.*

Valores por ración
- *Valor energético*   218
- *Proteínas*   3,2 g
- *Hidratos
  de carbono*   22,5 g
- *Azúcares*   8,7 g
- *Grasas*   8,7 g
- *Grasas saturadas* 0,6 g

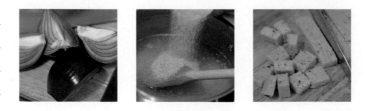

1 Precaliente el horno a 200 °C. Ponga las cebollas y el aceite en una bandeja para hornear y mézclelo bien. Esparza la margarina por encima, sazone al gusto con sal y meta la bandeja en el horno durante 45 minutos, o hasta que las cebollas estén tiernas y un poco chamuscadas en los bordes; deles la vuelta de vez en cuando mientras se asan. Sáquelas del horno y deje que se enfríen.

2 Deseche la capa exterior de las cebollas si está muy tostada y corte el resto en láminas gruesas. Póngalas en una cazuela grande de base gruesa con el vino y llévelo a ebullición. Deje que hiervan hasta que la mayor parte del vino se haya consumido y el olor a alcohol haya desaparecido.

3 Incorpore el caldo y las hierbas y siga cociendo a fuego medio-bajo entre 30 y 35 minutos o hasta que se haya reducido y espesado. Agregue la mostaza y salpimiente al gusto.

4 Entre tanto, para preparar los picatostes caliente el agua en otra cazuela y llévela a ebullición. Agregue la polenta lentamente, como se muestra en la fotografía superior, y cuézala unos 5 minutos, removiendo sin parar con una cuchara de madera, o hasta que haya espesado y la mezcla empiece a salirse del cazo. Añada la sal y el romero.

5 Cubra una tabla de cortar con una hoja de film transparente. A continuación, con una espátula larga y estrecha extienda la polenta sobre la tabla formando una capa de 1 centímetro de grosor. Deje que se enfríe y se endurezca. Córtela después en dados pequeños, úntelos con aceite y póngalos sobre una hoja de papel vegetal. Áselos en el horno durante 10 o 15 minutos o hasta que estén ligeramente dorados y crujientes; deles la vuelta de vez en cuando mientras se tuestan.

6 Retire y deseche el romero. Pase la mitad de la sopa al robot de cocina y tritúrela hasta que esté homogénea. Pásela de nuevo a la cazuela y remuévala bien. Para servir, viértala en 4 boles precalentados y decórelos con los picatostes de polenta y las ramitas de romero.

Para 2 personas como plato principal o para 4 como entrante

Ensalada de pasta de trigo sarraceno con tofu ahumado

Ingredientes

200 g de fideos de trigo sarraceno

250 g de tofu firme ahumado (peso escurrido)

200 g de col blanca en tiras finas

250 g de zanahoria rallada

3 cebolletas en aros diagonales

1 guindilla roja fresca, sin semillas, en aros finos

Para el aliño

1 cucharadita de jengibre fresco rallado

1 diente de ajo majado

175 g de tofu japonés (peso escurrido)

4 cucharaditas de tamari (salsa de soja sin trigo)

2 cucharadas de aceite de sésamo

4 cucharadas de agua hirviendo

sal

Datos nutricionales

La col es un miembro de la familia de las crucíferas –junto con el brécol, la coliflor y las coles de Bruselas–, que favorecen el buen funcionamiento del hígado.

Valores por ración

- *Valor energético   326*
- *Proteínas   16 g*
- *Hidratos de carbono   50 g*
- *Azúcares   4 g*
- *Grasas   9 g*
- *Grasas saturadas   1 g*

1 En una cazuela grande, ponga agua y un poco de sal. Llévela a ebullición y cueza la pasta siguiendo las instrucciones del envase. Escúrrala y pásela por agua fría.

2 Para preparar el aliño mezcle en un bol pequeño el jengibre con el ajo, el tofu japonés, la salsa de soja, el aceite y el agua hasta obtener una mezcla homogénea y cremosa. Sazónelo con sal.

3 Ponga el tofu ahumado en una vaporera. Cuézalo al vapor durante 5 minutos y, a continuación, córtelo en tiras finas.

4 Entre tanto, ponga en un bol la col, las zanahorias, las cebolletas y la guindilla y mézclelo bien. Para servir, disponga los fideos en platos individuales y cúbralos con la ensalada de zanahoria y las tiras de tofu. Vierta un poco de aliño y esparza semillas de sésamo por encima.

Para 4-6 personas

Baba ghanoush con pan árabe

Ingredientes

1 berenjena grande pinchada toda ella con un tenedor

3 dientes de ajo grandes sin pelar

1 cucharadita de cilantro molido

1 cucharadita de comino molido

1 cucharadita de tahini (sésamo molido)

el zumo de $1/2$ limón

2 cucharaditas de aceite de oliva virgen extra

sal y pimienta

cilantro, para decorar

Para el pan árabe

250 g de harina de fuerza sin gluten

2 cucharadas de harina de maíz fina o de polenta

1 cucharadita de levadura en polvo sin gluten

1 cucharadita de sal

50 g de margarina sin lactosa en dados

1 cucharada de semillas de sésamo (opcional)

150-175 ml de agua caliente

aceite de girasol, para engrasar

1 Para preparar el *baba ghanoush* precaliente el horno a 200 °C. En una bandeja de hornear, ponga la berenjena y ásela en el horno precalentado durante 25 minutos. A continuación, incorpore el ajo y siga asando en el horno otros 15 minutos más hasta que la berenjena y el ajo estén muy tiernos.

2 Parta la berenjena por la mitad a lo largo y con una cuchara, extraiga la pulpa. Póngala en un robot de cocina junto con el ajo pelado, las especias, el tahini, el zumo de limón y el aceite. Triture hasta obtener una mezcla homogénea y cremosa y salpimiente al gusto. Pase el baba ghanoush a una fuente, cúbralo y resérvelo.

3 Mientras tanto, prepare el pan árabe. En un bol grande, tamice la harina de trigo, la harina de maíz, la levadura y la sal y añada la margarina mezclando con los dedos todos los ingredientes hasta obtener una mezcla grumosa. Agregue las semillas de sésamo, si lo desea, y añada el agua. Primero, mézclelo con una cuchara de madera, y después, con las manos hasta formar una bola de masa. Añada más agua o harina si fuera necesario.

4 Ponga la masa sobre una superficie de trabajo enharinada y ámasela ligeramente hasta que esté suave. Divida la masa en 6 porciones y luego forme bolas con ellas. Envuélvalas en film transparente y déjelas reposar en la nevera durante 30 minutos.

5 Con las manos, estire las bolas de masa hasta formar círculos de 5 milímetros de grosor. La masa es bastante frágil, por eso no debe preocuparse si los bordes quedan algo toscos. Caliente una plancha ligeramente engrasada a temperatura moderada y ase cada pan un par de minutos por lado hasta que estén un poco dorados. Resérvelos calientes mientras prepara el resto. Sírvalos calientes con el *baba ghanoush*.

Datos nutricionales

El ajo es un potente antibiótico natural que elimina los microbios causantes de problemas digestivos.

Valores por ración

- *Valor energético*   377
- *Proteínas*   6 g
- *Hidratos de carbono*   51 g
- *Azúcares*   3,2 g
- *Grasas*   18 g
- *Grasas saturadas*   2 g

Para 16 rollitos

Rollitos vietnamitas con fideos y cerdo caramelizado

Ingredientes

2 cucharadas de tamari (salsa de soja sin trigo)

1 cucharadita y media de jarabe de arce

500 g de filetes magros de cerdo

aceite vegetal, para freír

32 tortitas de papel de arroz

70 g de fideos de arroz vermicelli cocidos

Para servir

salsa hoisin sin gluten

tiras de pepino

tiras de cebolletas

Datos nutricionales

La soja fermentada (contenida en el tamari) es beneficiosa para el funcionamiento del hígado. Mantiene el equilibrio hormonal, lo cual evita que el hígado tenga que procesar el exceso de hormonas.

Valores por ración

- *Valor energético*   109
- *Proteínas*   7 g
- *Hidratos de carbono*   8 g
- *Azúcares*   0,7 g
- *Grasas*   5 g
- *Grasas saturadas*   0,08 g

1 En un plato llano, mezcle el tamari y el jarabe de arce. Pase los filetes por la mezcla de modo que queden bien cubiertos. Tápelos y déjelos marinar en la nevera durante por lo menos 1 hora, auque es preferible que estén toda la noche.

2 Caliente una plancha a temperatura media-alta hasta que esté bien caliente. Agregue un poco de aceite y ase los filetes durante 4 o 6 minutos por cada lado, según el grosor, o hasta que estén hechos en el interior y caramelizados en el exterior. Retírelos del fuego y córtelos en tiras finas.

3 Llene un bol grande refractario con agua hirviendo. Ponga las tortitas juntas de dos en dos (puesto que son muy finas y frágiles) y remójelas en el agua 20 segundos o hasta que se tornen opacas y flexibles. Sáquelas del agua cuidadosamente con una espátula, escúrralas durante unos segundos y póngalas estiradas sobre una bandeja.

4 Esparza una cucharada de salsa hoisin sobre cada tortita, póngalas por encima un pequeño puñado de fideos y unas cuantas tiras de carne, de pepino y de cebolleta. Pliegue dos extremos y enróllelos de forma que parezcan rollitos de primavera. Córtelos por la mitad, en diagonal, y sírvalos con un poco de salsa hoisin, si lo desea.

Para 2 personas como plato principal o para 4 como entrante

Rollitos de sushi variados

Ingredientes

4 hojas de alga nori para enrollar

Para el arroz

250 g de arroz para sushi

2 cucharadas de vinagre de arroz

1 cucharadita de azúcar lustre

$^1/_2$ cucharadita de sal

Para el relleno

50 g de salmón ahumado

1 trozo de pepino (4 cm), pelado y sin semillas, en bastoncillos

40 g de gambas cocidas peladas

1 aguacate pequeño, pelado y sin hueso, en láminas finas rociadas de limón

Para servir

wasabi (salsa japonesa de rábano picante)

tamari (salsa de soja sin trigo)

jengibre encurtido

1 En una cazuela, ponga el arroz y cúbralo con agua fría. Deje que hierva, después baje el fuego, tape la cazuela y deje cocer a fuego lento entre 15 y 20 minutos, o hasta que el arroz esté tierno y se haya absorbido el agua. Escúrralo, si fuera necesario, y páselo a un bol grande. Mezcle el vinagre con el azúcar y la sal, vierta esta mezcla con el arroz y remueva bien con una espátula. Cúbralo con un paño húmedo y déjelo enfriar.

2 Para preparar los rollitos, extienda una esterilla de bambú limpia sobre una tabla de cortar. Coloque una hoja de alga nori sobre la esterilla con el lado brillante hacia abajo. Con las manos humedecidas, extienda $^1/_4$ del arroz sobre el alga, dejando un borde de 1 centímetro en los extremos inferior y superior, y presiónelo con los dedos.

3 Para preparar los rollitos de salmón y pepino, coloque el salmón sobre el arroz y con el pepino forme una línea a lo largo por el centro.

4 Con la ayuda de una esterilla, enrolle el nori presionando para obtener un rollo de arroz relleno. Selle el extremo de la hoja de nori humedeciéndolo con un poco de agua y sáquelo de la esterilla. Repita la operación hasta obtener cuatro rollos de arroz en total: dos de salmón y pepino y otros dos de gambas y aguacate.

5 Con un cuchillo humedecido, corte cada rollo en 8 rodajas gruesas y colóquelas sobre una fuente. Limpie y enjuague el cuchillo después de cada corte para evitar que el arroz se pegue en la hoja. Sirva los rollitos de sushi acompañados de las salsas wasabi, tamari y el jengibre encurtido.

Datos nutricionales
El nori es un alga marina con un alto contenido en proteínas. También ayuda al cuerpo a eliminar los metales tóxicos.

Valores por ración
- *Valor energético*   195
- *Proteínas*   7,5 g
- *Hidratos de carbono*   23 g
- *Azúcares*   3,6 g
- *Grasas*   8,4 g
- *Grasas saturadas* 1,4 g

Pescado, marisco y carne

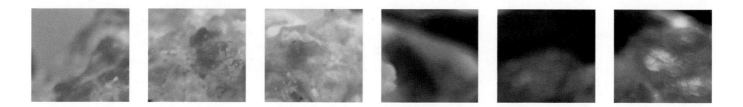

Inspirado en la diversidad de culturas y aromas de todo el mundo, este capítulo presenta recetas tan deliciosas como: fideos con gambas al estilo malasio, pasta italiana con albóndigas, curry de pollo del sur de la India o estofado europeo con albóndigas de hierbas. Y todas ellas sin una pizca de gluten, trigo o productos lácteos.

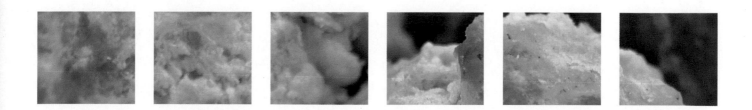

Para 4-6 personas

Quiche de arenque ahumado y gambas

Ingredientes

400 g de filete de arenque ahumado o de bacalao, enjuagado y secado

300 ml de leche sin lactosa

150 g de gambas cocidas peladas

200 g de queso cremoso vegetariano

3 huevos batidos

3 cucharadas de cebollino fresco troceado

pimienta

Para la pasta

200 g de harina sin gluten

Una pizca generosa de sal

100 g de margarina sin lactosa en dados y un poco más para engrasar

1 yema de huevo

3 cucharadas de agua helada

1 Precaliente el horno a 200 °C. Engrase ligeramente un molde de 26 centímetros de diámetro.

2 En un bol grande, tamice la harina y la sal, añada la margarina y, con los dedos, mezcle todos los ingredientes hasta obtener una masa grumosa. Incorpore la yema de huevo y el agua y amáselo todo hasta formar una bola. Pásela a una superficie de trabajo ligeramente enharinada y trabaje la masa y extiéndala para que quede fina. Envuélvala en un film transparente y déjela reposar en la nevera durante 30 minutos.

3 Mientras tanto en una cazuela poco profunda, ponga el pescado con la leche. Caliéntelo a fuego bajo hasta que rompa a hervir y cuézalo a fuego lento durante 10 minutos o hasta que el pescado se oscurezca y esté cocido. Con una espumadera, retire el pescado de la cazuela, déjelo que se enfríe un poco y, a continuación, retire la piel y las espinas. Desmigájelo en trozos grandes y resérvelo. Reserve asimismo 125 mililitros del líquido de cocción.

4 Estire la masa y forre el molde con ella. Extienda por encima una hoja de papel vegetal, cúbrala con legumbres secas a modo de peso y cuézala en el horno precalentado durante 8 minutos. Retire las legumbres y el papel y siga horneando otros 5 minutos más.

5 Reparta el pescado y las gambas sobre la base de masa. En un bol, mezcle el queso cremoso con el líquido de cocción reservado, los huevos, el cebollino y la pimienta, y viértalo sobre el pescado y las gambas. Cueza la quiche en el horno 30 minutos o hasta que el relleno haya cuajado y esté bien dorado por encima.

Datos nutricionales

El arenque y el bacalao contienen mucha vitamina A, que ayuda a regenerar los tejidos intestinales previniendo así las intolerancias alimentarias.

Valores por ración

- *Valor energético*   592
- *Proteínas*   34 g
- *Hidratos de carbono*   34 g
- *Azúcares*   1 g
- *Grasas*   35,5 g
- *Grasas saturadas*   8,7 g

Para 4 personas

Bacalao al horno con limón y salsa de hierbas

Ingredientes

4 filetes gruesos de bacalao

aceite de oliva, para untar

8 rodajas finas de limón

sal y pimienta

Para la salsa de hierbas

4 cucharadas de aceite de oliva

1 diente de ajo majado

4 cucharadas de perejil fresco picado

2 cucharadas de menta fresca picada

el zumo de $^1/_2$ limón

sal y pimienta

Datos nutricionales
El aceite de oliva se mantiene relativamente inalterable al calentarlo, por lo que es apropiado para cocinar. Se ha demostrado que reduce los niveles de colesterol.

Valores por ración
- *Valor energético*   232
- *Proteínas*   21 g
- *Hidratos de carbono*   2 g
- *Azúcares*   0,2 g
- *Grasas*   16 g
- *Grasas saturadas*   0,1 g

1 Precaliente el horno a 200 °C. Enjuague cada filete de bacalao y con papel de cocina, séquelo cuidadosamente; a continuación, úntelos con aceite. Coloque cada filete sobre una hoja de papel vegetal lo suficientemente grande como para poder envolverlo. Ponga 2 rodajas de limón sobre cada filete y salpimiéntelos al gusto. Envuelva los filetes en el papel y áselos en el horno precalentado durante 20 minutos, o hasta que estén hechos y la carne se haya oscurecido.

2 Para preparar la salsa de hierbas, ponga en un robot de cocina todos los ingredientes y tritúrelos hasta que estén bien picados. Salpimiéntelos al gusto.

3 Desenvuelva cada paquetito con mucho cuidado y coloque el contenido en platos individuales. Espolvoree una cucharada de hierbas por encima de cada filete justo antes de servirlos.

Para 4 personas

Fideos con gambas al estilo malasio

Ingredientes

2 cucharadas de aceite vegetal

1 pimiento rojo, sin semillas, en dados

200 g de col pak choi, los tallos cortados en tiras finas y las hojas picadas

2 dientes de ajo grandes picados

1 cucharadita de cúrcuma molida

2 cucharaditas de garam masala

1 cucharadita de guindilla molida (opcional)

125 ml de caldo de verduras

2 cucharadas colmadas de mantequilla de cacahuete

350 ml de leche de coco

1 cucharada de tamari (salsa de soja sin trigo)

250 g de fideos de arroz gruesos

280 g de gambas cocidas, peladas

 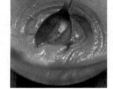 

Para decorar

2 cebolletas en tiras finas

1 cucharada de semillas de sésamo

Datos nutricionales

Al igual que la leche materna, la leche de coco contiene ácido láurico, que protege contra los virus y las infecciones bacterianas.

Valores por ración

- *Valor energético*   *428*
- *Proteínas*   *20 g*
- *Hidratos de carbono*   *31 g*
- *Azúcares*   *10 g*
- *Grasas*   *26 g*
- *Grasas saturadas*   *7 g*

1 En un wok o una sartén antiadherente grande de base gruesa, caliente el aceite a fuego fuerte. Incorpore el pimiento, los tallos de col pak choi, el ajo y saltee durante 3 minutos. Agregue la cúrcuma, el garam masala, la guindilla en polvo, si lo desea, y las hojas de col pak choi, y continúe salteándolo otro minuto más.

2 En un recipiente refractario, mezcle el caldo con la mantequilla de cacahuete y remuévalo hasta que la mantequilla se haya disuelto. A continuación, añada la mezcla anterior a las verduras salteadas, junto con la leche de coco y el tamari. Cuézalo a fuego medio durante 5 minutos, o hasta que se haya reducido y espesado.

3 Mientras tanto, sumerja los fideos en un bol grande con agua hirviendo. Déjelos en el agua durante 4 minutos y después escúrralos y páselos por agua fría. Agregue al wok los fideos y las gambas al curry de coco y siga cociéndolos 2 o 3 minutos más, sin parar de remover, hasta que se haya repartido el calor por igual.

4 Sirva este plato decorado con tiras de cebolleta y semillas de sésamo.

Para 2-3 personas

Palitos de salmón con patatas

Ingredientes

150 g de harina de maíz fina
o de polenta

1 cucharadita de pimentón

400 g de filetes de salmón, sin piel,
en 12 tiras gruesas

1 huevo batido

aceite de girasol, para freír

sal y pimienta

Para las patatas

500 g de patatas, peladas, cortadas
en gajos gruesos

1 o 2 cucharadas de aceite de oliva

$^1/_2$ cucharadita de pimentón

sal

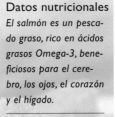

Datos nutricionales

El salmón es un pescado graso, rico en ácidos grasos Omega-3, beneficiosos para el cerebro, los ojos, el corazón y el hígado.

Valores por ración

- *Valor energético   665*
- *Proteínas   35 g*
- *Hidratos
  de carbono   73 g*
- *Azúcares   2 g*
- *Grasas   27 g*
- *Grasas saturadas   4 g*

1 Precaliente el horno a 200 °C. Para preparar las patatas, lave los gajos y séquelos con un paño de cocina limpio. Ponga el aceite en una bandeja para hornear y déjela un momento en el horno precalentado para que el aceite se caliente. Ponga las patatas en la bandeja y remuévalas bien para que se cubran de aceite. Sazónelas con pimentón y sal y áselas en el horno durante 30 minutos, o hasta que estén doradas y crujientes; deles la vuelta cuando hayan transcurrido 15 minutos.

2 En un plato llano, mezcle entre tanto la harina de maíz y el pimentón. Pase cada trozo de salmón por el huevo batido y, a continuación, por la mezcla de harina de maíz hasta que esté bien cubierto.

3 Cubra de aceite la base de una sartén grande de base gruesa y caliéntelo a fuego medio. Con cuidado, ponga en la sartén la mitad de los palitos de pescado y fríalos durante 6 minutos; deles la vuelta transcurridos 3 minutos. Una vez listos, déjelos escurrir sobre papel de cocina y manténgalos calientes mientras fríe el resto. Sírvalos con las patatas.

Datos nutricionales

La carne de vacuno es rica en hierro. El cuerpo absorbe mejor este mineral si proviene de una fuente animal que de una vegetal.

Valores por ración

- *Valor energético* 819
- *Proteínas* 38 g
- *Hidratos de carbono* 35,5 g
- *Azúcares* 3,3 g
- *Grasas* 58 g
- *Grasas saturadas* 20,4 g

Para 4 personas

Estofado con albóndigas de hierbas

Ingredientes

3 cucharadas de harina sin gluten

sal y pimienta

800 g de carne de vacuno para estofar, en dados

3 cucharadas de aceite de oliva

12 chalotes pelados y cortados por la mitad, o en cuartos si son grandes

2 zanahorias en bastoncillos

1 chirivía en rodajas

2 hojas de laurel

1 cucharada de romero fresco picado

450 ml de sidra

250 ml de caldo de carne

1 cucharada de tamari (salsa de soja sin trigo)

200 g de castañas de agua en conserva, escurridas

Para las albóndigas

115 g de harina con levadura sin gluten y un poco más para espolvorear

50 g de sebo vegetal sin gluten

2 cucharadas de tomillo fresco picado

sal y pimienta

1 Precaliente el horno a 160 °C. En un plato grande, ponga la harina y sazónela generosamente con sal y pimienta. Pase la carne por la harina de modo que quede bien cubierta.

2 En una cazuela refractaria grande, caliente 1 cucharada de aceite a fuego medio-alto. Añada un tercio de la carne y saltéela durante 5 o 6 minutos, dándole la vuelta de vez en cuando, hasta que esté bien dorada; puede que la carne se pegue un poco hasta que empiece a estar hecha. Saque la carne con una espumadera y repita la operación con los dos tercios restantes, añadiendo otra cucharada de aceite si fuera necesario. Resérvela.

3 Agregue el aceite restante a la cazuela junto con los chalotes, las zanahorias, la chirivía y las hierbas, y rehóguelos durante 3 minutos removiendo de vez en cuando. Vierta la sidra y el caldo de carne y llévelo a ebullición. Cuézalo a fuego fuerte hasta que el alcohol se haya evaporado y el líquido se haya reducido un poco. Añada el tamari y déjelo cocer otros 3 minutos más.

4 Incorpore las castañas y la carne, tape la cazuela y cuézalo en el horno precalentado durante 1 hora y 35 minutos.

5 Mientras tanto, para preparar las albóndigas mezcle en un bol grande todos los ingredientes y salpimiente al gusto. Agregue suficiente agua para obtener una masa blanda. Divida la masa en 8 porciones y, con las manos humedecidas, haga bolas con ellas.

6 Incorpore las albóndigas a la cazuela, tápela y siga horneando durante otros 25 minutos, o hasta que las albóndigas estén hechas, el caldo haya espesado y la carne esté tierna. Salpimiente al gusto antes de servir.

Para 4 personas

Pasta con salsa italiana de albóndigas

Ingredientes

300 g de espaguetis sin gluten

sal y pimienta

Para las albóndigas

40 g de pan rallado fresco sin gluten

450 g de carne picada magra de vacuno

1 cebolla rallada

1 diente de ajo grande majado

1 huevo batido

sal y pimienta

Para la salsa de tomate

1 cucharada de aceite de oliva

2 dientes de ajo picados

2 cucharaditas de orégano seco

300 ml de vino blanco seco

600 ml de tomate triturado

1 hoja de laurel

2 cucharaditas de concentrado de tomate

$^1/_2$ cucharadita de azúcar

Datos nucricionales

Los tomates son ricos en licopeno, un antioxidante que protege el intestino y fortalece el sistema inmunológico.

Valores por ración
- *Valor energético* 732
- *Proteínas* 36 g
- *Hidratos de carbono* 87 g
- *Azúcares* 10 g
- *Grasas* 21 g
- *Grasas saturadas* 5,3 g

1 Para preparar las albóndigas, ponga en un bol grande el pan rallado con la carne picada, la cebolla, el ajo y el huevo y mézclelo bien. Salpimiente al gusto, tape el bol y métalo en la nevera durante 30 minutos.

2 Mientras tanto, prepare la salsa de tomate. En una sartén grande con base gruesa, caliente el aceite a temperatura moderada y rehogue el ajo, sin parar de remover, durante 1 minuto. Agregue el orégano y siga rehogando otro minuto más. Vierta el vino y cuézalo a fuego fuerte hasta que se haya consumido casi por completo.

3 Añada el tomate triturado, la hoja de laurel, el concentrado de tomate, el azúcar y remuévalo bien. Tape la sartén a medias y déjelo cocer a temperatura moderada durante 5 minutos.

4 Con la mezcla de carne picada, haga bolas del tamaño de una nuez. Incorpórelas a la salsa, tape la sartén a medias y cuézalo entre 15 y 20 minutos o hasta que las albóndigas estén hechas.

5 Entre tanto, ponga en una cazuela grande agua y un poco de sal y cueza la pasta siguiendo las instrucciones del envase. Escurra los espaguetis y reserve 3 cucharadas del agua de cocción. Vierta el líquido reservado en la salsa justo antes de servirla con la pasta.

Para 4 personas

Koftas de cordero con puré de garbanzos

Ingredientes

250 g de carne picada magra
de cordero

1 cebolla picada

1 cucharada de cilantro fresco picado

1 cucharada de perejil fresco picado

$^{1}/_{2}$ cucharadita de cilantro molido

$^{1}/_{4}$ de cucharadita de guindilla molida

sal y pimienta

Para el puré de garbanzos

1 cucharada de aceite de oliva

2 dientes de ajo picados

400 g de garbanzos cocidos,
escurridos y enjuagados

50 ml de leche sin lactosa

sal y pimienta

2 cucharadas de cilantro fresco picado

Datos nutricionales

*Los garbanzos, como
todas las legumbres,
son ricos en fibra
soluble. Ésta ayuda
a limpiar el tracto
digestivo absorbiendo y
eliminando las toxinas.*

Valores por ración

- *Valor energético*   *349*
- *Proteínas*   *21 g*
- *Hidratos
  de carbono*   *19 g*
- *Azúcares*   *1,7 g*
- *Grasas*   *21 g*
- *Grasas
  saturadas*   *5,1 g*

1 En un robot de cocina, ponga el cordero, la cebolla, las hierbas y las especias; salpimiente al gusto y tritúrelo hasta obtener una mezcla homogénea.

2 Divida la mezcla en 8 porciones y, con las manos humedecidas, ensarte cada una de ellas en las broquetas moldeándola con la forma de una salchicha. Las broquetas se tienen que haber remojado previamente para evitar que se quemen. Cubra las broquetas y métalas en la nevera durante 30 minutos.

3 Precaliente una plancha a temperatura moderada y úntela ligeramente con aceite. Ase las broquetas en dos tandas durante 10 minutos, o hasta que estén bien hechas y doradas; deles la vuelta de vez en cuando mientras las asa.

4 Para preparar el puré de garbanzos, caliente en una cazuela el aceite y rehogue el ajo durante 2 minutos. Agregue los garbanzos, la leche y caliéntelo durante algunos minutos. Pase la mezcla a un robot de cocina y tritúrela hasta obtener una mezcla cremosa. Salpimiente al gusto y agregue después el cilantro fresco. Sirva el puré con las koftas.

Para 4 personas

Curry cremoso de pollo con arroz al limón

Ingredientes

2 cucharadas de aceite vegetal

4 pechugas de pollo deshuesadas
y sin piel (800 g en total) cortadas
en trozos de 2,5 cm

1 cucharadita y media de semillas
de comino

1 cebolla grande, rallada

2 guindillas verdes frescas picadas

2 dientes de ajo grandes rallados

1 cucharada de jengibre fresco rallado

1 cucharadita de cúrcuma molida

1 cucharadita de cilantro molido

1 cucharadita de garam masala

300 ml de leche de coco

250 ml de tomates en conserva

2 cucharaditas de zumo de limón

sal

2 cucharadas de cilantro fresco picado,
para decorar

Para el arroz al limón

350 g de arroz basmati, enjuagado

1,2 litros de agua

el zumo y la ralladura de 1 limón

3 clavos de olor

1 En una sartén grande de base gruesa, caliente el aceite
a temperatura moderada. Incorpore el pollo y saltéelo entre
5 y 8 minutos; dele vueltas con frecuencia hasta que esté
bien hecho y ligeramente dorado. Retírelo y resérvelo.
Ponga ahora las semillas de comino en la sartén y rehóguelas
hasta que empiecen a oscurecerse y a chisporrotear. Agregue
la cebolla, tape la sartén a medias y siga rehogando a
temperatura moderada, removiendo a menudo, durante
10 minutos o hasta que estén tiernas y doradas. Añada las
guindillas, el ajo, el jengibre, la cúrcuma, el cilantro molido,
el garam masala y rehóguelo 1 minuto más.

2 Ponga el pollo de nuevo en la sartén y vierta la leche
de coco y el tomate. Tape la sartén a medias y deje cocer a
temperatura moderada unos 15 minutos, hasta que la salsa
se haya espesado. Vierta el zumo de limón y salpimiente.

3 Mientras tanto, prepare el arroz. Póngalo en una cazuela y
cúbralo con agua. Agregue el zumo de limón y los clavos de olor. Llévelo a ebullición,
después baje el fuego, tape la cazuela y deje cocer a fuego lento durante 15 minutos
o hasta que el arroz esté blando. Retire la cazuela del fuego e incorpore la ralladura
de limón. Deje que repose, tapado, durante 5 minutos.

4 Sirva el curry con el arroz al limón y decórelo con cilantro fresco.

Datos nutricionales

*El jengibre, un potente
antiinflamatorio, se ha
utilizado durante siglos
para aliviar dolencias
estomacales, náuseas,
espasmos abdominales
y mareos.*

Valores por ración

• *Valor energético*	*545*
• *Proteínas*	*46 g*
• *Hidratos de carbono*	*29 g*
• *Azúcares*	*5,9 g*
• *Grasas*	*27 g*
• *Grasas saturadas*	*6,8 g*

Para 4 personas

Pollo asado con pesto rojo

Ingredientes

4 pechugas de pollo deshuesadas
(800 g en total)

1 cucharada de aceite de oliva

sal y pimienta

Para el pesto

125 g de tomates secados al sol
en aceite, picados

2 dientes de ajo majados

6 cucharadas de piñones ligeramente
tostados

150 ml de aceite de oliva virgen extra

1 Precaliente el horno a 200 °C. Para preparar el pesto rojo, ponga en un robot de cocina los tomates secados al sol junto con el ajo, 4 cucharadas de piñones y el aceite; tritúrelo hasta obtener una pasta granulada.

2 En un recipiente refractario o en una bandeja para hornear, coloque el pollo. Unte cada pechuga con aceite y vierta encima de ellas 1 cucharada de pesto. Con el reverso de la cuchara, extienda el pesto sobre la superficie de la carne. El pesto que sobre puede guardarlo en un recipiente hermético y conservarlo en la nevera durante una semana.

3 Ase el pollo en el horno precalentado durante 30 minutos o hasta que esté tierno; para comprobarlo, introduzca una broqueta metálica en la parte más gruesa de la pechuga; el jugo que salga deberá ser transparente.

4 Sirva el pollo espolvoreado con el resto de los piñones.

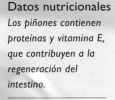

Datos nutricionales
Los piñones contienen proteínas y vitamina E, que contribuyen a la regeneración del intestino.

Valores por ración
- *Valor energético* 558
- *Proteínas* 21 g
- *Hidratos de carbono* 9,5 g
- *Azúcares* 0,5 g
- *Grasas* 51 g
- *Grasas saturadas* 2,1 g

Platos vegetarianos

Para quienes eviten comer carne y pescado, o simplemente
para los que quieran reducir su consumo, esta colección
de apetitosos y nutritivos platos les servirá de inspiración.
En ella se hace hincapié en los ingredientes sencillos, incluidas
muchas verduras, utilizados de forma imaginativa, como es
el caso de la receta norteafricana de tajín de berenjena con
polenta, los bocaditos de tofu tailandeses con salsa dulce
de guindilla y la tortilla española.

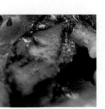
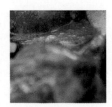
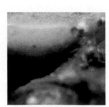
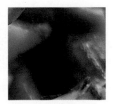

Para 4 personas

Rösti con verduras asadas

1 Para preparar las verduras asadas, mezcle en una fuente grande poco profunda el aceite y la miel. Incorpore el pimiento, los calabacines, las cebollas, el hinojo, los tomates, el ajo y el romero y empape bien las verduras en la mezcla de aceite. Déjelo marinar durante 1 hora como mínimo.

2 Precaliente el horno a 200 °C. En una cazuela, cueza las patatas con agua hirviendo y sal durante 8 o 10 minutos, o hasta que estén parcialmente hechas. Deje que se enfríen y rállelas con la parte gruesa del rallador.

3 Pase las verduras con la marinada, excepto los tomates y el ajo, a una bandeja para hornear y áselas en el horno precalentado durante 25 minutos. Después, agregue los tomates y el ajo y áselo en el horno otros 15 minutos más, o hasta que las verduras estén tiernas y ligeramente chamuscadas en los bordes.

4 Mientras tanto, prepare los rösti. Divida en 4 porciones las patatas ralladas y con las manos forme tortitas. Cubra el fondo de una sartén con un poco de aceite y caliéntelo a temperatura moderada. Ponga las tortitas de patata en la sartén de dos en dos y aplástelas con una espátula hasta formar círculos de unos 2 cm de grosor.

5 Fría los rösti durante 6 minutos por cada lado hasta que estén bien dorados y crujientes. Mezcle todos los ingredientes del aliño. Sirva los rösti con las verduras asadas y rocíe con un poco de pesto. Sazone al gusto.

Ingredientes

900 g de patatas, cortadas por la mitad si son grandes

sal

aceite de girasol, para freír

Para el aliño de pesto vegano

2 cucharadas de pesto vegano

1 cucharada de agua hirviendo

1 cucharada de aceite de oliva virgen

Para las verduras asadas

2 cucharadas de aceite de oliva virgen

1 cucharada de vinagre balsámico

1 cucharadita de miel líquida

1 pimiento rojo, sin semillas, en cuartos

2 calabacines cortados longitudinalmente

2 cebollas rojas en cuartos

1 bulbo de hinojo cortado en gajos

16 tomates cereza

8 dientes de ajo

2 ramitas de romero fresco

sal y pimienta

Datos nutricionales

El romero contiene antioxidantes liposolubles que reducen los radicales libres que se producen al calentar el aceite.

Valores por ración

- *Valor energético*   447
- *Proteínas*   9 g
- *Hidratos de carbono*   74 g
- *Azúcares*   19 g
- *Grasas*   15,5 g
- *Grasas saturadas*   1 g

Para 4 personas

Curry de verduras con tortitas de garbanzos

Ingredientes

200 g de zanahorias en dados grandes

300 g de patatas cortadas en cuartos

2 cucharadas de aceite vegetal

1 cucharadita y media de semillas de comino

las semillas de 5 vainas de cardamomo

1 cucharadita y media de granos de mostaza

2 cebollas ralladas

1 cucharadita de cúrcuma molida

1 cucharadita de cilantro molido

1 hoja de laurel

1 cucharadita y media de guindilla molida

1 cucharada de jengibre fresco rallado

2 dientes de ajo grandes majados

250 ml de tomate triturado

200 ml de caldo de verduras

115 g de guisantes congelados

115 g de hojas de espinaca congeladas

sal

Para las tortitas de garbanzos

225 g de harina de garbanzo

1 cucharadita de sal

$^1/_2$ cucharadita de bicarbonato sódico

400 ml de agua

aceite vegetal, para freír

1 Para preparar las tortitas de garbanzo, tamice en un bol grande la harina, la sal y el bicarbonato sódico. Haga un hueco en el centro y añada el agua. Con unas varillas, mezcle la harina con el agua hasta obtener una masa homogénea. Déjelo reposar durante 15 minutos.

2 Cubra el fondo de una sartén con un poco de aceite y caliéntelo a temperatura moderada. Si quiere tortitas pequeñas, ponga una pequeña cantidad de masa en la sartén; y si las prefiere más grandes, mueva la sartén haciendo círculos para que la masa se extienda. Fría las tortitas durante 3 minutos por un lado, deles la vuelta con una espátula y fríalas por el otro lado hasta que estén doradas. Resérvelas calientes mientras prepara el resto (8 en total).

3 Entre tanto, para preparar el curry ponga en una vaporera las zanahorias y las patatas y cuézalas hasta que estén casi hechas.

4 En una cazuela de base gruesa, caliente el aceite a temperatura moderada y agregue las semillas de comino, el cardamomo y los granos de mostaza. Cuando empiecen a tomar color y a chisporrotear, incorpore la cebolla, tape a medias la cazuela y cuézalo a fuego medio-bajo hasta que esté tierna y dorada; remueva con frecuencia.

5 Añada el resto de las especias, el jengibre, el ajo y rehogue durante 1 minuto sin dejar de remover. Agregue el tomate triturado, el caldo, las patatas y las zanahorias, tape a medias y cuézalo entre 10 y 15 minutos, o hasta que las verduras estén tiernas. Incorpore los guisantes y las espinacas y continúe con la cocción durante 2 o 3 minutos más. Sazone las verduras con sal justo antes de servirlas y acompáñelas con las tortitas de garbanzo.

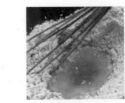

Datos nutricionales

Los guisantes, así como el resto de legumbres, se caracterizan por su rico contenido en proteínas y fibra soluble que contribuye a mejorar el tránsito intestinal.

Valores por ración

- *Valor energético* 467
- *Proteínas* 19 g
- *Hidratos de carbono* 72 g
- *Azúcares* 5,9 g
- *Grasas* 14 g
- *Grasas saturadas* 1,4 g

Para 4 personas

Tortilla española

Ingredientes

300 g de patatas en dados pequeños

1 cucharada de aceite de oliva

15 g de margarina sin lactosa

1 cebolla en láminas finas

6 huevos batidos ligeramente

sal y pimienta

1 En una cazuela, ponga agua, sal y las patatas; cuézalas durante 10 o 12 minutos o hasta que estén hechas. Escúrralas bien y resérvelas.

2 Mientras tanto, en una sartén mediana con mango metálico caliente el aceite y la margarina a temperatura moderada. Fría en ella la cebolla, removiendo de vez en cuando, durante 8 minutos o hasta que esté tierna y dorada. Incorpore las patatas y siga rehogándolo otros 5 minutos más; remueva para que no se peguen. Una vez listas, extiéndalas uniformemente en el fondo de la sartén.

3 Precaliente el gratinador del horno a temperatura moderada. Salpimiente los huevos batidos y viértalos sobre las patatas y las cebollas. Cueza la mezcla a fuego medio durante 5 o 6 minutos, o hasta que los huevos hayan cuajado y la tortilla empiece a dorarse por debajo.

4 Ponga la sartén bajo el gratinador precalentado (si el mango no es metálico, envuélvalo en una doble capa de papel de aluminio) y deje que termine de hacerse por encima sin que llegue a tostarse. Córtela en triángulos para servirla.

Datos nutricionales
Las patatas son una buena fuente de potasio, un mineral que favorece el funcionamiento del cerebro y del sistema nervioso.

Valores por ración

- *Valor energético*   254
- *Proteínas*   11 g
- *Hidratos de carbono*   21 g
- *Azúcares*   3 g
- *Grasas*   143 g
- *Grasas saturadas* 2,8 g

Para 4 personas

Pasta con crema de espinacas y champiñones

Ingredientes

300 g de macarrones u otro tipo de pasta seca sin gluten

sal y pimienta

2 cucharadas de aceite de oliva

250 g de champiñones en láminas

1 cucharadita de orégano seco

250 g de caldo de verduras

1 cucharada de zumo de limón

6 cucharadas de queso cremoso vegano

200 g de hojas de espinaca congeladas

Datos nutricionales

Las espinacas son ricas en potasio y ácido fólico y ayudan a reducir las enfermedades del corazón, la degeneración ocular y el riesgo de cáncer.

Valores por ración

- *Valor energético* 429
- *Proteínas* 13 g
- *Hidratos de carbono* 61 g
- *Azúcares* 2,2 g
- *Grasas* 15 g
- *Grasas saturadas* 2,3 g

1 En una cazuela grande, ponga agua con sal y cueza la pasta siguiendo las instrucciones del envase. Escurra y reserve 175 mililitros del líquido de cocción.

2 Mientras tanto, en una sartén grande de base gruesa, caliente el aceite a temperatura moderada, incorpore los champiñones y rehóguelos, removiendo con frecuencia, durante 8 minutos o hasta que empiecen a estar tiernos. Agregue el orégano, el caldo, el zumo de limón y cuézalo durante 10 o 12 minutos, o hasta que la salsa se haya reducido a la mitad.

3 Añada el queso cremoso y las espinacas y continúe con la cocción durante 3 o 5 minutos más. Vierta el líquido reservado y, a continuación, la pasta cocida. Mézclelo bien, salpimiente al gusto y sírvalo muy caliente.

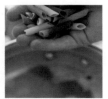

Para 4 personas

Tajín de berenjena con polenta

1 Precaliente el horno a temperatura moderada. Unte los dados de berenjena con una cucharada de aceite y dispóngalos en una placa de horno. Áselos bajo el gratinador precalentado, dándoles la vuelta de vez en cuando, durante 20 minutos o hasta que estén hechos y empiecen a tostarse por los bordes. Úntelos con más aceite si se secan demasiado.

2 En una sartén grande de base gruesa, caliente el aceite restante a temperatura moderada. Incorpore la cebolla y fríala, removiendo de vez en cuando, durante 8 minutos o hasta que esté tierna y dorada. Agregue la zanahoria, el ajo, los champiñones y siga rehogándolo otros 5 minutos. Añada las especias y sin dejar de remover, rehóguelo 1 minuto más.

3 Incorpore el tomate y el caldo, mézclelo bien y, a continuación, añada el concentrado de tomate. Llévelo a ebullición, después reduzca el fuego y cuézalo a fuego lento durante 10 minutos o hasta que la salsa se empiece a espesar.

4 Agregue la berenjena, los orejones de albaricoque y los garbanzos, tape la cazuela a medias y continúe con la cocción 10 minutos más; remueva de vez en cuando.

5 Mientras tanto, para preparar la polenta, vierta en una cazuela antiadherente el caldo caliente y llévelo a ebullición. Con una cuchara de madera, incorpore la polenta lentamente, sin dejar de remover. Reduzca el fuego al mínimo y cuézalo durante 1 o 2 minutos, o hasta que la polenta aumente de tamaño y adquiera la consistencia de un puré. Sirva el tajín con la polenta y decórelo con cilantro fresco.

Ingredientes

1 berenjena en dados de 1 cm
3 cucharadas de aceite de oliva
1 cebolla grande en láminas finas
1 zanahoria en dados
2 dientes de ajo picados
115 g de champiñones silvestres en láminas
2 cucharaditas de cilantro molido
2 cucharaditas de semillas de comino
1 cucharadita de guindilla molida
1 cucharadita de cúrcuma molida
600 ml de tomates troceados en conserva
300 ml de caldo de verduras
1 cucharada de concentrado de tomate
75 g de orejones de albaricoque, sin remojar, troceados
400 g de garbanzos en conserva escurridos y enjuagados
2 cucharadas de cilantro fresco, para decorar

Para la polenta

1,2 litros de caldo de verduras muy caliente
200 g de polenta instantánea
sal y pimienta

Para 8 unidades

Bocaditos de tofu con salsa de guindilla

Ingredientes

300 g (peso escurrido) de tofu firme rallado grueso

1 tallo de limoncillo, pelado y picado

2 dientes de ajo picados

1 trozo de jengibre fresco (2,5 cm) rallado

2 hojas de lima kafir picadas (opcional)

2 chalotes picados

2 guindillas rojas frescas, sin semillas y picadas

4 cucharadas de cilantro fresco picado

90 g de harina sin gluten y un poco más para espolvorear

1/2 cucharadita de sal

aceite de girasol, para freír

Para la salsa de guindilla

3 cucharadas de vinagre blanco o vinagre de vino de arroz

2 cebolletas en aros finos

1 cucharada de azúcar lustre

2 guindillas frescas picadas

2 cucharadas de cilantro fresco picado

una pizca de sal

Datos nutricionales

El tofu es una buena fuente de proteínas y contiene además vitamina B, beneficiosa para el cerebro, y magnesio, que alivia los dolores intestinales.

Valores por ración

- *Valor energético* 130
- *Proteínas* 7,3 g
- *Hidratos de carbono* 16 g
- *Azúcares* 4,3 g
- *Grasas* 4,9 g
- *Grasas saturadas* 0,7 g

1 Para preparar la salsa de guindilla, mezcle bien todos los ingredientes en un bol pequeño y resérvelo.

2 En un bol grande, mezcle el tofu con el limoncillo, el ajo, el jengibre, las hojas de lima (si las va a utilizar), los chalotes, las guindillas y el cilantro. Cubra el bol y métalo en la nevera durante 1 hora para que la mezcla se endurezca un poco.

3 Con las manos enharinadas, forme 8 bolas de masa del tamaño de una nuez y aplástelas un poco formando círculos. A continuación, cubra con aceite el fondo de una sartén grande de base gruesa y caliéntelo a temperatura moderada. Fría los bocaditos de tofu en dos tandas durante unos 4 o 6 minutos o hasta que estén bien dorados; deles la vuelta una vez. Déjelos escurrir sobre papel de cocina y sírvalos calientes acompañados de la salsa de guindilla.

Para 4 personas

Risotto de calabaza asada

1 Precaliente el horno a 200 °C. En una bandeja para hornear, ponga la calabaza. Mezcle 1 cucharada de aceite con la miel y viértalo sobre la calabaza. Empápela bien con la mezcla y cuézala en el horno precalentado durante unos 30 o 35 minutos o hasta que esté hecha.

2 Mientras tanto, en un robot de cocina ponga la albahaca y el orégano junto con 2 cucharadas de aceite, y triture hasta que todo esté bien picado y mezclado. Resérvelo.

3 En una sartén de base gruesa, caliente la margarina y el aceite restante a temperatura moderada. Incorpore la cebolla y fríala, removiendo de vez en cuando, durante 8 minutos o hasta que esté tierna. Agregue el arroz y siga rehogándolo todo 2 minutos más; remuévalo bien para que los granos se empapen bien de aceite.

4 Vierta el vino y llévelo a ebullición. Baje el fuego ligeramente y deje que hierva hasta que el vino se haya consumido casi por completo.

5 Agregue el caldo poco a poco y cuézalo a fuego medio durante 5 minutos más o hasta que el arroz esté blando, pero sin que el interior del grano pierda su dureza por completo. Salpimiente generosamente antes de servir.

Datos nutricionales

La calabaza es rica en betacaroteno, un antioxidante que protege de los rayos UV.

Valores por ración

- *Valor energético*   436
- *Proteínas*   5,8 g
- *Hidratos de carbono*   59 g
- *Azúcares*   9,3 g
- *Grasas*   17,5 g
- *Grasas saturadas*   0,6 g

Ingredientes

600 g de calabaza de invierno (tipo butternut)

4 cucharadas de aceite de oliva

1 cucharadita de miel líquida

25 g de albahaca fresca

25 g de orégano fresco

1 cucharadita de margarina sin lactosa

2 cebollas picadas

450 g de arroz arborio u otro para risotto

175 ml de vino blanco seco

1,2 litros de caldo de verduras

sal y pimienta

Postres y pasteles

En este capítulo le aguardan exquisitas delicias. Estos dulces placeres incluyen ricos *brownies* de chocolate, un meloso pastel de naranja y almendra y un pastel de queso con crema de mango. Sorprenda a su familia y amigos con estas recetas sin pizca de gluten ni lácteos. Y si lo que busca es un pequeño bocado para finalizar la comida, le recomendamos que pruebe el refrescante granizado de pera y jengibre.

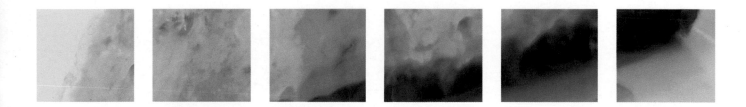

Para 4-6 personas

Granizado de pera y jengibre

Ingredientes

75 g de azúcar lustre

1 cucharada de miel líquida

250 ml de agua

225 g de peras algo maduras, peladas, sin corazón y en láminas

2 cucharaditas de jengibre fresco picado

3 cucharadas de zumo de limón

1 En una cazuela, ponga el azúcar, la miel y el agua y caliente a temperatura media. Remuévalo todo sin parar hasta que el azúcar se haya disuelto. Incorpore las peras y el jengibre, cuézalo a fuego lento durante 5 minutos y después añádale el limón.

2 Pase las peras con el líquido de cocción a un robot de cocina y tritúrelo sin que la mezcla llegue a ser homogénea. Viértala en un recipiente con tapadera preparado para congelar alimentos y deje que se enfríe.

3 Ponga el recipiente en el congelador durante 2 horas hasta que los bordes y la base de la mezcla de pera estén congeladas. Retírelo del congelador y, con un tenedor, rompa la parte congelada y mézclela con el resto. Vuelva a poner la tapadera y métalo de nuevo en el congelador otra hora y media más.

4 Repita la operación una vez más y vuelva a meterlo en el congelador 1 hora hasta que la mezcla empiece a formar cristales de hielo. Sírvalo en este momento o guárdelo en el congelador hasta que vaya a consumirlo. Sáquelo del mismo 30 minutos antes, mézclelo bien con un tenedor y sírvalo en copas de postre.

Datos nutricionales
Como las manzanas, las peras contienen pectina, un tipo de fibra que ayuda a eliminar las toxinas del organismo y a reducir el colesterol.

Valores por ración

- *Valor energético*   *100*
- *Proteínas*   *0,2 g*
- *Hidratos de carbono*   *26 g*
- *Azúcares*   *22 g*
- *Grasas*   *0,2 g*
- *Grasas saturadas*   *0,01 g*

Para 4 personas

Crumble de manzana y ciruela

1 Precaliente el horno a 180 °C. En un molde redondo de 23 centímetros de diámetro, mezcle las manzanas con las ciruelas, el zumo de manzana y el azúcar.

2 Para preparar la cobertura, tamice en un recipiente grande la harina y añada la margarina amasando con los dedos hasta obtener una masa grumosa. Agregue los copos de trigo sarraceno, los de arroz, las semillas de aceite de girasol, el azúcar y la canela, y después esparza esta mezcla sobre las frutas.

3 Hornee el *crumble* en el horno precalentado durante 30 o 35 minutos o hasta que la superficie esté ligeramente dorada y crujiente.

Ingredientes

4 manzanas peladas sin corazón y cortadas en dados

5 ciruelas sin hueso y en cuartos

4 cucharadas de zumo de manzana recién licuado

25 g de azúcar moreno refinado

Para la cobertura

115 g de harina sin gluten

75 g de margarina sin lactosa en dados

25 g de copos de trigo sarraceno

25 g de copos de arroz

25 g de pipas de girasol

50 g de azúcar moreno refinado

$^1/_4$ de cucharadita de canela molida

Datos nutricionales

Las manzanas y las ciruelas liberan los azúcares lentamente, evitando así las subidas bruscas de azúcar en la sangre.

Valores por ración

- *Valor energético*   *495*
- *Proteínas*   *18 g*
- *Hidratos de carbono*   *71 g*
- *Azúcares*   *43,5 g*
- *Grasas*   *19,5 g*
- *Grasas saturadas*   *2,5 g*

Para 8 personas

Pastel de mousse de chocolate y naranja

Ingredientes

100 g de azúcar lustre

100 g de margarina sin lactosa y un poco más para engrasar

2 huevos batidos ligeramente

100 g de harina sin gluten

1 cucharadita de levadura en polvo sin gluten

1 cucharada de cacao en polvo

tiras finas de piel de naranja, para decorar

Para la mousse

200 g de chocolate negro de buena calidad

la ralladura de 2 naranjas y el zumo de una de ellas

4 huevos, yemas y claras separadas

1 Precaliente el horno a 180 °C. Engrase un molde redondo con fondo desmontable y forre la base.

2 En un bol, bata la margarina y el azúcar hasta obtener una crema pálida y espumosa. Eche los huevos gradualmente, batiendo bien con una cuchara de madera. Tamice la harina con la levadura y el cacao en polvo, agregue la mitad a los huevos, mézclelo bien y agregue después la otra mitad. Vierta la masa en el molde preparado y alise la superficie con el reverso de una cuchara. Cueza el pastel en el horno precalentado, durante 20 minutos, hasta que haya subido y tenga consistencia al tocarlo. Déjelo enfriar por completo dentro del molde.

3 Entre tanto, funda el chocolate en un bol refractario sosteniéndolo sobre una cazuela con agua ligeramente hirviendo, sin que el fondo del bol toque el agua. Deje que se enfríe y añada la ralladura y el zumo de naranja y las yemas de huevo.

4 En un bol grande, bata las claras a punto de nieve. Añada una cucharada grande de claras a la crema de chocolate removiendo suavemente. Incorpore después el resto. Extienda la *mousse* de chocolate sobre el bizcocho ya frío, y alise la superficie con el reverso de una cuchara. También puede sacar el bizcocho del molde, abrirlo por la mitad y rellenarlo con la *mousse*. Métalo en la nevera para que ésta se endurezca un poco. Retire la parte superior del molde (pero no la base), si no lo ha hecho ya, antes de decorarlo con las tiras de piel de naranja y servirlo.

Datos nutricionales

El chocolate contiene catequinas, un antioxidante similar a los que se encuentran en las frutas y verduras.

Valores por ración

- *Valor energético*   370
- *Proteínas*   7 g
- *Hidratos de carbono*   38,5 g
- *Azúcares*   25 g
- *Grasas*   22,8 g
- *Grasas saturadas*   8,4 g

Para 12 unidades

Brownies de moca

Ingredientes

150 g de chocolate negro de buena calidad (con un 70 % de cacao)

100 g de margarina sin lactosa, y un poco más para engrasar

1 cucharadita de café fuerte instantáneo

1 cucharadita de extracto de vainilla

100 g de almendras molidas

175 g de azúcar lustre

4 huevos, yemas y claras separadas

azúcar glas, para decorar (opcional)

Datos nutricionales
El chocolate negro contiene más cacao que el chocolate con leche, por lo que es más beneficioso para la salud.

Valores por ración
- *Valor energético*   254
- *Proteínas*   4,5 g
- *Hidratos de carbono*   24 g
- *Azúcares*   20,5 g
- *Grasas*   17 g
- *Grasas saturadas* 4,7 g

1 Precaliente el horno a 180 °C. Engrase un molde de horno cuadrado y forre la base.

2 Funda el chocolate y la margarina en un bol refractario sosteniéndolo sobre una cazuela de agua ligeramente hirviendo y sin que la base del bol toque el agua. Remuévalo de vez en cuando y espere a que el chocolate y la margarina se hayan fundido.

3 Deje que de enfríe ligeramente y, a continuación, añada el café y el extracto de vainilla. Agregue las almendras y el azúcar y remuévalo bien. En un bol aparte, bata las yemas ligeramente y viértalas en la crema de chocolate.

4 Bata las claras a punto de nieve en un bol grande. Añada al chocolate una cucharada grande de claras removiendo suavemente y, a continuación, vierta el resto.

5 Pase la mezcla al molde preparado y cuézalo en el horno precalentado durante 35 o 40 minutos, hasta que el pastel haya subido y la superficie tenga consistencia, pero manteniendo algo de viscosidad en el centro. Deje que se enfríe en el molde, vuélquelo sobre una bandeja, retire el papel y córtelo en 12 porciones. Si lo desea, puede espolvorear los brownies con azúcar glas antes de servirlos.

Para 8 personas

Pastel de queso con crema de mango

Ingredientes

70 g de margarina sin lactosa y un poco más para engrasar

175 g de galletas sin gluten ni lactosa, machacadas

40 g de almendras molidas

Para el relleno

1 mango grande, pelado y sin hueso, en dados

el zumo de 1 limón

200 g de yogur natural de soja

1 cucharada de harina de maíz sin gluten

3 cucharadas de jarabe de arce

450 g de queso cremoso vegano

Para la cobertura

3 cucharadas de jarabe de arce

1 mango pequeño, pelado y sin hueso, en láminas

1 Precaliente el horno a 180 °C. Engrase un molde redondo de fondo desmontable de 23 centímetros de diámetro. Para preparar la base del pastel, derrita en una cazuela mediana la margarina y añada las galletas y las almendras. A continuación, aplaste la mezcla para obtener una base uniforme. Cuézalo en el horno precalentado durante 10 minutos.

2 Mientras tanto, para preparar el relleno, ponga en un robot de cocina el mango con el zumo de limón, el yogur, la harina de maíz, el jarabe de arce y el queso cremoso y tritúrelo hasta obtener una mezcla homogénea y cremosa. Viértala después sobre la base de galleta y alise la superficie con el reverso de una cuchara. Cuézalo en el horno durante 25 o 30 minutos o hasta que esté dorado. Deje que se enfríe el pastel en el molde, páselo después a una rejilla metálica y métalo en la nevera durante 30 minutos para que se endurezca.

3 Para preparar la cobertura, en una sartén caliente el jarabe de arce y con él unte ligeramente la superficie del pastel. Eche los trozos de mango a la sartén con el resto del jarabe de arce y cuézalo, sin parar de remover, durante 1 minuto. Deje que se enfríe ligeramente y reparta las láminas de mango por encima. Vierta el resto de jarabe de arce justo antes de servir.

Datos nutricionales

El mango es una buena fuente de betacaroteno y de otros carotenoides, sustancias químicas que dotan a esta fruta de su color y protegen la salud del cuerpo.

Valores por ración

- *Valor energético*   464
- *Proteínas*   8 g
- *Hidratos de carbono*   35 g
- *Azúcares*   22 g
- *Grasas*   34,5 g
- *Grasas saturadas*   4 g

Para 9 raciones

Pastel de jarabe de naranja y almendras

Ingredientes

margarina sin lactosa, para engrasar

6 huevos, yemas y claras separadas

200 g de azúcar lustre

la ralladura de 3 naranjas

150 g de almendras molidas

Para la cobertura

el zumo de 3 naranjas

3 cucharadas de miel líquida

Datos nutricionales

Las almendras ayudan a equilibrar los niveles de azúcar en la sangre. Si se usan en una comida dulce, atenuan los efectos de una repentina subida de azúcar.

Valores por ración

• *Valor energético*   269

• *Proteínas*   7,9 g

• *Hidratos de carbono*   34 g

• *Azúcares*   30 g

• *Grasas*   12,3 g

• *Grasas saturadas*   1,8 g

1 Precaliente el horno a 180 °C. Engrase un molde cuadrado de 20 centímetros de anchura y forre la base. En un bol grande, bata las yemas con el azúcar, la ralladura de naranja y las almendras

2 En otro bol grande, bata las claras a punto de nieve. Vierta una cucharada grande de claras a la mezcla de yemas removiendo suavemente. Después, añada el resto. Vierta la mezcla en el molde con sumo cuidado.

3 Cueza el pastel en el horno precalentado, durante unos 45 o 50 minutos o hasta que al insertar una broqueta metálica en el centro del pastel ésta salga limpia. Deje que el pastel se enfríe en el molde.

4 Para preparar la cobertura, ponga en una cazuela pequeña el zumo de naranja y la miel y deje que hierva. Remueva una sola vez y deje cocer, sin remover, entre 6 y 8 minutos o hasta que se haya reducido y espesado. Con un tenedor, pinche el pastel por toda la superficie, vierta entonces el jarabe de naranja por encima. Déjelo que repose antes de servirlo.

Para 12 unidades

Magdalenas de plátano con glaseado de canela

Ingredientes

150 g de harina sin gluten

1 cucharadita de levadura en polvo sin gluten

una pizca de sal

150 g de azúcar glas

6 cucharadas de leche sin lactosa

2 huevos batidos ligeramente

150 g de margarina derretida

2 plátanos pequeños, machacados

Para el glaseado

50 g de queso cremoso vegano

2 cucharadas de margarina sin lactosa

$1/4$ de cucharadita de canela molida

90 g de azúcar glas

Datos nutricionales

La canela, al igual que las almendras, ayuda a equilibrar el azúcar en la sangre y reduce el efecto dañino de las comidas dulces.

Valores por ración

- *Valor energético*   272
- *Proteínas*   *2,7 g*
- *Hidratos de carbono*   *34 g*
- *Azúcares*   *22 g*
- *Grasas*   *14,5 g*
- *Grasas saturadas 2,8 g*

1 Precaliente el horno a 200 °C. Coloque 12 capacillos de papel en un molde para magdalenas. En un bol grande, tamice la harina con la levadura en polvo y la sal. Agregue el azúcar.

2 En otro bol, bata los huevos con la leche y la margarina. Vaya incorporando la harina gradualmente, removiendo con suavidad. Después añada los plátanos.

3 Reparta la masa entre los moldes de papel y cueza las magdalenas en el horno precalentado durante unos 20 minutos, hasta que hayan subido y estén doradas. Vuélquelas sobre una rejilla metálica y deje que se enfríen.

4 Para el glaseado, bata en un bol el queso cremoso con la margarina. Después, agregue la canela y el azúcar glas y siga batiendo hasta que la mezcla esté cremosa. Déjela enfriar en la nevera unos 15 minutos para que se endurezca ligeramente; luego, con una cuchara, esparza un poco de este glaseado sobre cada magdalena.

Para 1 pan de 450 g

Pan de cereales con pimiento rojo

Datos nutricionales

El pimiento rojo contiene capsaicina, una sustancia química que parece aliviar las dolencias de la indigestión.

Valores por ración
- *Valor energético*   *104*
- *Proteínas*   *5,9 g*
- *Hidratos de carbono*   *12,2 g*
- *Azúcares*   *0,9 g*
- *Grasas*   *4 g*
- *Grasas saturadas 0,3 g*

Ingredientes

1 pimiento rojo grande, sin semillas, en tiras
175 g de harina de maíz o de polenta
115 g de harina de fuerza sin gluten
1 cucharada de levadura en polvo sin gluten
1 cucharadita de sal
2 cucharaditas de azúcar
250 ml de leche sin lactosa
2 huevos batidos ligeramente
3 cucharadas de aceite de oliva y un poco más para engrasar

1 Precaliente el horno a 200 °C. Engrase un molde de hondo rectangular con un poco de aceite. Disponga el pimiento en una bandeja para hornear y áselo en el horno precalentado durante 35 minutos o hasta que esté tierno y en la piel empiecen a formarse ampollas. Déjelo enfriar un poco y pélelo a continuación.

2 Mientras tanto, mezcle en un bol grande la harina de maíz con la harina de fuerza, la levadura en polvo, la sal y el azúcar. En un bol aparte, bata los huevos con la leche y el aceite y agregue esta mezcla a la de la harina. Con una cuchara de madera, bata la masa hasta obtener una consistencia espesa.

3 Pique el pimiento, incorpórelo a la masa y pásela después al molde preparado. Cuézalo en el horno precalentado durante 30 minutos o hasta que el pan esté ligeramente dorado. Deje que se enfríe en el molde durante 10 minutos. Con un cuchillo, despegue los lados y vuelque el pan sobre una rejilla metálica. Para mantenerlo fresco, envuélvalo en film transparente o guárdelo en una bolsa de plástico con cierre.

Índice